四川警察学院

法 律 文 丛

我国公益用地市场取得方式法律制度研究

卞宏波／著

法律出版社 LAW PRESS · CHINA

目录 CONTENTS

第一章 绪论

第一节 选题的目的和研究的价值

一、选题的目的

建设用地按照是否为公共利益可分为经营性建设用地和公益性建设用地，[①]经营性建设用地供应方式为有偿出让，公益性建设用地供应方式为无偿划拨。[②]划拨是将国

---

① 2001年《全国土地分类（试行）》虽然明确了建设用地与农用地和未利用地的界限，并没有明确界分公益性建设用地和经营性建设用地。但从2002年国土资源部出台的《招标拍卖挂牌出让国有土地使用权规定》第4条第1款“商业、旅游、娱乐和商品住宅等各类经营性用地，必须以招标、拍卖或者挂牌出让方式出让”的规定以及2007年《土地利用现状分类》“土地利用类型中的商服用地、工矿仓储用地、住宅用地等都属于经营性用地”的规定可见，经营性用地是指用于或者可以用于工、商、农、服务等营业目的的土地，公益用地是除经营性用地以外的公益性质用地。经营性用地采用招拍挂等方式出让供应，公益用地采用划拨方式供应。

② 根据《划拨土地使用权管理暂行办法》第2条规定：“划拨土地使用权，是指土地使用者通过除出让土地使用权以外的其他各种方式依法取得的国有土地使用权。”《土地管理法》第54条规定：城市基础设施和公益事业用地可以以划拨方式取得。《城市房地产管理法》第24条规定，下列建设用地的土地使用权，确属必需的，可以由县级以上人民政府依法批准划拨：(1)国家机关用地和军事用地；(2)城市基础设施用地和公益事业用地；(3)国家重点扶持的能源、交通、水利等基础设施用地；(4)法律、行政法规规定的其他用地。

有土地使用权一级流转给公益用地主体的供应方式，划拨并非公益用地的最初取得方式，公益用地最初取得方式为“土地使用者缴纳补偿、安置等费用后”。[①] 而根据我国《宪法》第 10 条、《土地管理法》第 2 条的规定，为了公共利益的需要，可以实行土地征收或者征用，《物权法》第 42 条规定了公益征收。[②] 由此可以看出，法律规定的集体土地征收、征用和公益房屋征收是公益用地的最初取得方式。征收的效果是发生所有权的转移，征用只是使用权的改变。[③] 也就是说，通过土地征收方式或公益征收[④] 取得国有土地使用权，然后将土地划拨给公益单位作为

---

① 《城市房地产管理法》第 23 条第 1 款对划拨土地使用权的取得途径进行了规定：“土地使用权划拨，是指县级以上人民政府依法批准，在土地使用者缴纳补偿、安置等费用后将该幅土地交付其使用，或者将土地使用权无偿交付给土地使用者使用的行为。”

② 根据我国的《宪法》第 10 条、《土地管理法》第 2 条的规定，为了公共利益的需要，可以依法对土地实行征收或者征用，并给予补偿。《物权法》第 42 条第 1 款规定，为了公共利益的需要，依照法律规定的权限和程序可以征收集体所有的土地和单位、个人的房屋及其他不动产。

③ 参见沈开举：《论征收征用权》，载《理论月刊》2009 年第 2 期。

④ 《土地管理法》第 43 条规定，任何单位和个人进行建设，需要使用土地的，必须依法申请使用国有土地；但是，兴办乡镇企业和村民建设住宅经依法批准使用本集体经济组织农民集体所有的土地的，或者乡（镇）村公共设施和公益事业建设经依法批准使用农民集体所有的土地的除外。这里的“征收”是指集体土地国有化转为建设用地过程的征收，当前理论界所指的“土地征收”亦即集体土地征收。《城市房地产管理法》第 6 条规定：“为了公共利益的需要，国家可以征收国有土地上单位和个人的房屋，并依法给予拆迁补偿，维护被征收人的合法权益；征收个人住宅的，还应当保障被征收人的居住条件。具体办法由国务院规定。”这里也有“征收”，但此处的“征收”仅指对房屋等财产的征收，不包括对土地的征收，但城市获取建设用地往往以此方式来掩饰征地真实意图。为行文方便，本文一律以“征收”或“土地征收”称名，意指公益用地取得的“土地征收方式”。

公益建设用地。[①]通过土地征用获取抢险、救灾等紧急需要的临时性公益用地。[②]具体来讲，建设用地来源有两个，一个是存量的国有土地，通过征收房屋而获得国有土地使用权；另一个是新增的建设用地，通过将集体土地征收转化为国有土地取得。但即便是存量的建设用地，其初始取得也是通过集体土地征收方式取得的。土地征用是对集体土地的临时性征用，不适宜长期性的公益建筑，对于长期性的公益性建设用地需按照法律规定实行征收方式取得公益用地。因此从本质上来说，现在我国建设用地的原始取得只有一个途径，那就是征收方式。

公益用地取得所倚重的征收方式，因公共利益泛化而产生异化，存在诸多问题，亟待改革。公共利益是我国公益用地取得的目的，也是土地征收启动严格遵守的唯一法定条件。征收必须符合公共利益的要求，但由于法律界定不明，公共利益被稀释、泛化。加之政府的管理者、执行者与经济人之身份多重

---

① 《国有土地上房屋征收与补偿条例》第 8 条规定："为了保障国家安全、促进国民经济和社会发展等公共利益的需要，有下列情形之一，确需征收房屋的，由市、县级人民政府作出房屋征收决定：(一)国防和外交的需要；(二)由政府组织实施的能源、交通、水利等基础设施建设的需要；(三)由政府组织实施的科技、教育、文化、卫生、体育、环境和资源保护、防灾减灾、文物保护、社会福利、市政公用等公共事业的需要；(四)由政府组织实施的保障性安居工程建设的需要；(五)由政府依照城乡规划法有关规定组织实施的对危房集中、基础设施落后等地段进行旧城区改建的需要；(六)法律、行政法规规定的其他公共利益的需要。"

② 根据《物权法》第 44 条规定，因抢险、救灾等紧急需要，依照法律规定的权限和程序可以征用单位、个人的不动产或者动产。被征用的不动产或者动产使用后，应当返还被征用人。单位、个人的不动产或者动产被征用或者征用后毁损、灭失的，应当给予补偿。《物权法》第 44 条尽管没有明确指出"土地征用"这一概念以及征用土地的性质，但土地作为主要的不动产，自然包含在内，也就包括国有土地和集体所有土地。

性质，在土地资源极为紧张的当下，政府觊觎土地市场的巨额利润，导致公益征收偏离公共利益目的，政府征收权泛滥，经营性建设用地往往“以公为名”通过政府强制性的征收方式大量取得。最终，我国在公益性建设用地和经营性建设用地的取得上都以征收的方式进行，征收也因此成为非专属于公益用地的取得方式。公益性建设用地与经营性建设用地在用地目的上存在突出的差异，在取得的方式上理应有所不同，但这种因土地公益目的的泛化而导致征收行为的异化，不仅损害被征地权利人合法权益，而且造成政府征地动机的逐利、征地收益分配不合理、被征地人生存发展权益无法保障、政府权威受损、土地利用率下降、生态问题严重、与被征地权利人之间矛盾突出等诸多危害。经过分析可以看出，公益用地取得实际效果之所以偏离公益目的，是因为在公益用地范围及公益用地取得的方式上出现了问题。

强制性方式是现行公益用地取得的法定垄断形式，而市场化取得方式阙如。我国《土地储备管理办法》规定置换、收回、购买、优先购买、征收等方式是土地储备的方式。① 而鉴于土地储备制度建立的初衷和需要是基于公共利益考虑，故而市场购买及优先购买方式也应是公益用地的取得方式。土地征收、征用、收回是宪法、法律明确规定为公共利益而使用的法定方式，从这层意义上讲是公益用地取得的正式制度方式；购买和优先

① 《土地储备管理办法》第3大点规定：下列土地可以纳入储备范围：(1)依法收回的国有土地；(2)收购的土地；(3)行使优先购买权取得的土地；(4)已办理农用地转用、征收批准手续并完成征收的土地；(5)其他依法取得的土地。

购买是宪法、法律没有明文规定为公共利益而现实取得实践中存在的方式，相对来讲是公益用地取得的非正式制度方式。实践中由于“土地财政”的根源以及征收取得土地的高效率、低成本“优势”，各地近乎一致地采用征收方式取得土地，除征收方式以外并没有运用市场购买等方式的迹象。从理论上来讲，强制性取得与市场取得方式协调配合应是公益用地取得的应有之义，但现实中征收取得方式俨然成为替代市场取得方式的“唯一”方式。政府的强制性公权力舍弃了自己应然的公共产品供给职责，不断侵犯被征地权利人及相关利益主体的权利。计划权力的强制方式成为公益用地取得的垄断方式，政府成为公益用地取得的垄断主体，市场机制不能或者说没有机会在公益用地取得上发挥功效。政府的多重身份往往被利益俘获，致使土地征收偏离公益目的，最终导致政府提供公益用地职能失效。按照公共产品供给理论、制度变迁理论的精神内涵，如何发挥市场机制在公益用地配置中的作用，如何运用多种方式取得公益用地，如何平衡政府与市场关系，亟待公益用地市场取得方式法律制度的建立。

强制性致使公益用地取得缺乏协商机制。由于单方意志性，缺少被征地人及公众参与表达利益主张，所以土地征收、征用、收回等强制性取得制度一直存在诸多诟病。我国公益用地强制性取得方式植根于计划经济时代，行政性强，被征地人只有服从，在公权力面前私权让步，最终满足了公权益而损害了私权利。由于缺乏与被征地人的协商谈判机制，政府给付被征地人的土地补偿不能反映土地的真实价值。而由于被征地人的弱势地位，权益损害无法诉求，造成被征地人与政府之间的对立与矛盾，“钉子户”及因征地、拆迁上访事件屡见不鲜。即使国家或地方几经努力，也收效甚微。[①]在公益用地取得方式制度改革对策制度设计上，如何使被征地人参与公益用地取得全过程中，怎样限制公权力以求公益与私益的平衡，采用什么样替代抑或改革强制性的方式既能取得公益土地又能减少矛盾与对立是我们亟待解决的问题。

公益用地取得的政府强制方式和市场方式各自都有优势与不足，仅凭单一的方式不能实现效率与公平。诚然，强制性取得方式固然具有诸多的弊端，但不能因此而完全否定其积极作用。强制性取得方式对于经济社会发展起到了保障作用，对于保障公益用地供给效率起到了应有的作用。强制性方式并非取得公益用地高效率、低成本的唯一方式，设定权利限制方式同样可以达成既定公益用地取得目标。公益用地取得也并非局限于取得所有权，不经权属转移也可实现公益建设用地需要。通过转移所有权取得公益用地往往会产生较高的交易成本，设权、租赁等方式可以解决此类问题。市场方式的协议购买取得公益

① 在国家重视并且紧密实行土地征收改革的背景下，征地矛盾并未缓解，反而有加剧的表征，如 2014 年 3 月 21 日“山东平度征地纵火血案致 1 死 3 伤”以及 2014 年 10 月 14 日“昆明晋宁征地引发数百人械斗导致 9 死 24 伤”两起重大恶性事件。参见姜东良：《山东平度征地血案告破，开发商勾结村主任纵火》，载 http://news.163.com/14/0325/23/9O7JD2BA0001124J.html，最后访问日期：2014 年 3 月 25 日；《晋宁公布征地冲突初步调查结果：双方数百人械斗》，载 http://news.sohu.com/20141017/n405196701.shtml，最后访问日期：2014 年 10 月 17 日。

用地能真实反映土地市场价值，并能有效地保障原土地权利人的完全参与，保护公平分配土地增值权益，但市场方式有其自身无法克服的高交易成本弊端，还需强制方式作为保障。建立公益用地市场取得方式为主体的多元化取得制度，能够有效破解现行强制性取得方式所带来的问题，保证效率与公平。

基于以上背景原因及存在的问题，本书研究目的意在：

第一，缩限公益用地范围。严格界定公益用地范围，建设用地一律由市场方式购买取得，就连公益用地也首先适用市场方式取得。只有在给予土地公平对价后原土地权利人阻碍公益实现时，政府才可以采取强制性取得方式，而强制性最强的征收方式只能用于纯公益用地取得。公益用地取得方式的规制能够从源头上遏制蚕食集体土地的问题，从而起到土地的用途管制，保护耕地、生态用地，集约、节约利用土地资源的作用。

第二，保护土地私权。本书架构系统性的市场方式优先的多元取得方式制度，意在提升被征地权利人参与协商的权利，保护其生存、发展权利。使土地补偿或购买价格能够真实反映土地市场价值，减少冲突矛盾。使公益用地取得既能满足公共利益的需要，又能保护土地私权，使公益用地取得方式制度朝着维护社会公益、保障公民和组织的合法权益、实现政府公共服务职能的方向健康发展。

第三，规范公益用地取得行为。公益用地取得方式在现今法律法规制度中并未系统规定，本书意在全面创建公益用地系统的取得方式法律制度，实现公益用地规范取得，维护公平正义，平衡公私权益。市场或强制取得方式的选择、决策、运行、监督都要依据公益用地取得方式法律制度的规定。规范公益用地的取得行为主要规范强制性的取得行为，使其始终在公益用地取得法律制度所授权的范围行使，为市场取得方式的使用留有充分的空间。

第四，构建公益用地市场取得方式法律制度。从削弱强制性方式和建立市场方式的双重路径创新，改革强制性的取得方式，加强市场机制配置作用，构建以市场为主体的多元化公益用地取得方式法律制度。在制度设计中，始终以“抑公扬私”和“权利本位”的理念为指导，以“效率与公平”为原则，以市场方式优先强制方式为保障，具体构建以非权属转移的设权方式创新公益用地取得方式。意图将市场取得方式的非正式制度纳入正式制度建构中，构建强制方式与市场方式相协调的，体现效率与公平的我国公益用地取得方式法律制度。构建以建立市场方式为主导，强制方式为保障、创新方式为补充的刚柔相济、公私兼顾、公法与私法融合的完善的回应型法律制度。建立承认差异、尊重价值多元的法律秩序，倡导市场协商方式先行，强制方式审慎介入，使公权仅限为对公益保障角色。

二、研究的价值

（一）理论价值

首先，厘清公益用地及公益用地取得方式概念。本书将界定公益用地及公益用地取得方式的法律概念。通过厘清公共利益的概念，阐明公益用地的法律外延及内涵，概括公益用地的特征，确立公益用地的判断标准，划定公益用地的范围，来明确公益用地取得法律关系，进而提出公益用地取得方式内涵。

其次，拓宽公益用地取得方式法律制度构建的法学理论研究。通过对公益用地取得中公共产品供给理论、新公共服务理论、交易成本理论等经济学理论及物权权能分离理论、公法私法融合理论等法学理论分析，论证公益用地取得方式法律制度构建的依据。通过公益用地取得方式选择标准和市场取得方式制度的设定条件的研究，为确立我国公益用地取得方式的选择提供可参照的标准。

再次，构建我国公益用地取得方式法律制度框架。本书通过对我国现有公益用地取得制度成本和收益分析，提出强制性取得方式制度改革的必要性。并对代表性国家和地区公益用地取得制度进行验证，从而遵从成形制度的路径依赖。通过对现有公益用地取得方式制度特征的概括，指出现行强制取得制度的缺点，并对成因加以分析。结合国家层面的市场方向改革趋势及实践中地方政府的探索尝试，提出我国公益用地取得方式的法律制度架构。

最后，构架我国公益用地取得方式的配套法律制度。现实土地法律法规等制度与本书所提出的公益用地取得方式法律制度架构设想存在制度障碍，基于此，本书提出破解制度障碍以回应我国公益用地取得方式的配套法律制度建议。

（二）应用价值

公益用地和经营性建设用地分属不同地类，取得方式理应不同。只有公益用地才能使用强制性的取得方式，经营性建设用地应采用市场协商购买方式取得，绝不能使用强制性的征收取得。但在公益目的泛化的情况下，经营性建设用地也采用了政府强制干预的征收方式取得。在当下政府提供公共产品方式市场化的趋势下，我国建设用地取得方式无疑是“逆市场化”主流而为，特别是本应采用市场购买方式取得的经营性建设用地也采用征收方式取得。所以明确界定公益用地概念，划定公益用地范围，构建公益用地市场取得方式等措施是解决公共利益泛化、强制性公权异化的有效途径和方策，也是对十七届三中全会以及十八届三中全会的《关于全面深化改革若干重大问题的决定》（以下简称十八届三中《决定》）① 和 2014 年中央一号文件《关于全面深化农村改革加快推进农业现代化的若干意见》

---

① 2008 年党的十七届三中全会《中共中央关于推进农村改革发展若干重大问题的决定》指出“改革征地制度，严格界定公益性和经营性建设用地，逐步缩小征地范围，完善征地补偿机制。依法征收农村集体土地，按照同地同价原则及时足额给农村集体组织和农民合理补偿，解决好被征地农民就业、住房、社会保障。在土地利用规划确定的城镇建设用地范围外，经批准占用农村集体土地建设非公益性项目，允许农民依法通过多种方式参与开发经营并保障农民合法权益。逐步建立城乡统一的建设用地市场，对依法取得的农村集体经营性建设用地，必须通过统一有形的土地市场、以公开规范的方式转让土地使用权，在符合规划的前提下与国有土地享有平等权益。抓紧完善相关法律法规和配套政策，规范推进农村土地管理制度改革”。党的十八届三中全会《中共中央关于全面深化改革若干重大问题的决定》进一步强调“缩小征地范围，规范征地程序，完善对被征地农民合理、规范、多元保障机制。扩大国有土地有偿使用范围，减少非公益性用地划拨。建立兼顾国家、集体、个人的土地增值收益分配机制，合理提高个人收益。完善土地租赁、转让、抵押二级市场”。

(以下简称2014年一号文件《意见》)[①]决议的呼应。公益用地市场取得方式法律制度创新也可以具有加强土地用途管制、维护公平正义、平衡公私权益、调控土地市场、保障生态安全等现实应用意义。

本书将为政府土地管理部门、土地储备部门在公益用地及经营性建设用地取得工作提供理论依据及非正式制度建议，同时为地方及中央立法机关制定相关的公益用地及经营性建设用地配套法律提供些许有益参考。

第二节 文献综述

一、国内文献综述

(一)公共产品供给制度的研究

1. 公共产品供给法律制度选择的研究

该用什么法律调整公共产品供给，多数学者认为经济法应作为公共产品供给的调节之法，将作为最能体现公共利益与经济均衡的公共产品纳入经济法的研究视野不但是经济法的规范职责，也是经济法体系完善的客观需要，而且是公共产品供给

① 2014年中央一号文件《关于全面深化农村改革加快推进农业现代化的若干意见》更加深入细致地提出“加快推进征地制度改革。缩小征地范围，规范征地程序，完善对被征地农民合理、规范、多元保障机制。抓紧修订有关法律法规，保障农民公平分享土地增值收益，改变对被征地农民的补偿办法，除补偿农民被征收的集体土地外，还必须对农民的住房、社保、就业培训给予合理保障。因地制宜采取留地安置、补偿等多种方式，确保被征地农民长期受益。提高森林植被恢复费征收标准。健全征地争议调处裁决机制，保障被征地农民的知情权、参与权、申诉权、监督权”。

制度完善与深化的必然要求。单飞跃[①]老师提出公共经济是经济法的本质，经济法的本质是调整公共经济之法，所以应把公共产品纳入经济法调整。钟雯彬[②]老师提出，公共产品法律调整在调整对象、价值取向、调整原则及调整方式上的特点使其在法律调整模式选择上与经济法形成价值基准与方法论的对接。胡元聪[③]、邵华[④]认为，公共产品失灵可以缘于市场和政府双重失灵的存在。而公共产品供给的经济法规制正好契合了国家进行适度干预市场的经济法理念，既体现了干预经济的功能，又对经济权力形成限制与矫正。陶广峰、杨仕兵[⑤]阐明，公共产品承载着社会公共利益，因此在规制公共产品供给的法律制度中，片面追求私人利益的私法以及只追求国家利益的公法，都不能有效调整，而必须由能够促进公共物品有效供给的经济法来完成。

单独适用公法或私法对公共产品供给进行调整，都有其不可避免的自身弊端，市场经济条件下的公共产品供给，应对公私法互相融合的趋势作为回应，充分发挥公法与私法的优势，综合调和而用，既发挥公权力的应有作用，又不对权利造成损

① 参见单飞跃：《公共经济法：经济法的本质解释——兼与李曙光〈经济法词义解释与理论研究的重心〉一文商榷》，载《政法论坛》2006年第3期。

② 参见钟雯彬：《公共产品法律调整模式分析》，载《现代法学》2004年第13期。

③ 参见胡元聪：《公共产品供给的经济法视野——以市场与国家关系为视角》，载《经济体制改革》2007年第6期。

④ 参见邵华：《论经济法保障公共产品供给的必要性与正当性》，载《经济法论坛》2010年第00期。

⑤ 参见陶广峰、杨仕兵：《公共物品供给法律规制的制度选择》，载《经济法论丛》2008年第1期。

害，实现公益与私益的平衡。

2. 公共产品供给机制的研究

在供给机制上，政府、市场的充分结合是实现公共产品有效供给的必然选择，第三部门（社会志愿）机制也已发挥重要作用，所以三种机制的结合成为学者们论及的重要内容。席恒[①]分析了在公共物品供给中三种制度安排的关系，即分工、互补与替代的伙伴关系。黄明欣[②]认为，要改革现行单向的决策机制、一元的供给主体和垄断性供给方式带来的诸多弊端，建立多利益中心决策机制，建立包括政府、市场和第三部门在内的多元化供给主体机制和供给方式。法律规制中应赋予不同利益组织参与决策权，主体间供给责任分配。努力探寻政府、市场与社会的均衡点，遵从资源优化配置的经济法上的效率与公平原则，才能达到解决公共产品供求矛盾的目标。邵华[③]认为重点在政府与市场关系构建上进行设计，经济法具有与公共产品相同的调整理念。这种理念体现为“国家干预与市场调节”的双重调节机制。

3. 公共产品供给主体的研究

源于供给机制论调的协同性，学者们认为政府、市场、社会

① 参见席恒：《公共物品多元供给机制：一个公共管理的视角》，载《人文杂志》2005 年第 3 期。

② 参见黄明欣：《公共产品供给机制创新及其法律规制》，载《华中农业大学学报》（社会科学版）2008 年第 3 期。

③ 参见邵华：《论经济法保障公共产品供给的必要性与正当性》，载《经济法论坛》2010 年第 00 期。

应成为公共产品的供给主体。唐祥来[①]从供给主体角度按照公共产品的公益程度构建了四种供给模式，即公共供给、私人供给、第三部门供给和PPP供给模式。并提出公共产品的单一供给主体不可避免“失灵”问题。黄明欣认为，政府必须对纯公共产品予以生产，同时利用市场和第三部门有效提供其他准公共产品。政府应实现职能和角色的转型，政府不再是高高在上的管理者，而应向服务、监督角色转变。程晋予[②]以公共产品的社会关系入手，认为公共物品供给法律制度指的是综合调整公共物品供给过程中的各种社会关系的法律规则。应明确政府是公共物品供给的基本主体，建立政府为主导，多种供给主体共同发挥作用的供给主体机制。

（二）公益用地界定的研究

第一，非营利说。

学者们根据用地单位是否具有营利性质来界分是否是公益单位及公益用地。公益用地具有非营利性，而经营性用地具有营利性。

钟京涛认为土地划拨是公益事业供地制度，是对公益事业用地的重要扶持措施，营利与否不能成为扶持的依据。[③]与钟京

① 参见唐祥来：《公共产品供给模式之比较》，载《山东经济》2009年第1期。

② 参见程晋予：《我国农村公共物品供给的法律制度研究》，载《产业科技论坛》2013年第11期。

③ 参见钟京涛：《我国公益事业供地制度探讨》，载《国土资源》2002年第2期。

涛观点一致，朱青、高慧[①]提出“是否营利”不能成为国家扶持的唯一依据，公共事业用地是一个整体概念，营利的标准难以确定，营利与否是市场对某一行为的价值反馈，而且是动态的，受诸多因素的影响。如果单纯按照投资主体和经营主体来确定是否营利，显然是不全面的。

与钟京涛等人所论相反，谭术魁等[②]指出，应按用地项目是否以营利为目的划分公益性和非公益性。王卫国[③]、唐双娥[④]将公益性用地界定为不营利的、非营业目的的公共设施的国有土地。徐颖、李新阳[⑤]从整体上将“公益性”设施界定为与“营利性”设施有很大差别的划拨供给用地。这类设施的用地应该保证非营利属性，并且要求设有严格的指标控制。

第二，公共利益说。

公共利益说认为，公益用地担负着承载城市各种活动，为社会利益服务，包含促进社会平等、增进公众福利和引导城市可持续发展的多重目标。梁慧星[⑥]对公益性用地的公共利益的

① 参见朱青、高慧：《关于公共事业用地供给方式的思考》，载《地域研究与开发》2004年第4期。

② 参见陈莹、谭术魁、张安录：《公益性、非公益性土地征收补偿的差异性研究——基于湖北省4市54村543户农户问卷和83个征收案例的实证》，载《管理世界》2009年第10期。

③ 参见王卫国：《中国土地权利研究》，中国政法大学出版社1997年版，第73页。

④ 参见唐双娥、郑太福：《法学视角下我国土地分类之完善》，载《湖南师范大学社会科学学报》2011年第6期。

⑤ 参见徐颖、李新阳：《关于重构我国公共设施用地分类的思路探讨》，载《城市规划》2012年第4期。

⑥ 参见中国物权法研究课题组：《中国物权法草案建议稿》，社会科学文献出版社2000年版，第218~224页。

内涵进行了详细、系统的解释，提出公共利益包括公共交通、卫生、科学及文化教育事业、环保等。陈佳骊[①]、黄郭城、刘卫东[②]、管栩等[③]将城市公益性用地界定为承载集体福利或者社会公共利益用途的城市各类用地的总称。汪新胜、汪进元等[④]认为公益性建设用地是指以公共利益为目的，建造建筑物或构筑物的公益事业用地和公共设施用地。以公共利益为目的，是公益性建设用地的突出特征。

界定公益性难点在于其内容具有抽象性、受益对象具有普遍性，并且界定公益性时应将其放在发展的维度里考量。现有研究大都是在公益性用地判定理论层面的讨论，缺乏系统性的公益性用地界定体系。

(三)公益用地取得创新方式的研究

1. 强制性方式改革的研究

第一，局部调整。

针对土地征收出现的问题，多数研究者提出在保持整体制度不变的情况下，就制度的漏洞和弊端采取针对性弥补措施的建议，逐步缩小土地的征收范围，挖掘存量建设用地潜力，建立合理的征地补偿和利益分享机制，有效限制国家征地权等集体

---

① 参见陈佳骊：《城市公益性用地问题初探》，浙江大学管理系2004年硕士学位论文，第9页。

② 参见黄郭城、刘卫东：《关于城市公益用地价格评估的思考》，载《价格月刊》2006年第5期。

③ 参见管栩：《公益性用地界定方法探讨》，载《中国土地科学》2013年第6期。

④ 参见汪新胜、汪进元：《公益性建设用地与经营性建设用地的界分及其法律化》，载《江汉大学学报》(社会科学版)2011年第1期。

土地征收中“公共利益”泛化的化解路径。[①]

第二，全面创新。

基于各项问题及衍生弊端和现行土地征收制度存在的问题，学者们讨论并借鉴市场经济发达国家的土地征收制度，对按照市场经济发展的客观要求系统性改革中国现行土地征收制度的途径进行初步的探讨。[②]建议从严格界定公共利益、规范征地行为、提高补偿标准、完善补偿机制等方面系统性地构建土地征收制度。也有的从具体的角度，提出系统性的创新设计。如从避免政府暴利潜能等方面全面系统提出我国土地征收制度改革的路径。[③]认为应当以科学发展观为指导，以人为本，体现“权利本位”的基本理念，设置民事前置程序、知情权制度、买回权制度、强制征收请求权制度等一系列制度，重新建构符合我国社会主义市场经济体制要求的土地征收法律制度。[④]把非公益用地纳入征收规制的范围，进行系统化的规制和专门的调整。[⑤]

继续实行土地征收并加以改革，其优点是有利于规范征地行为，减少征地矛盾，规范土地权属分离的行为。但这种“头痛

① 参见徐凤真：《集体土地征收中“公共利益”被泛化的根源与化解路径探析》，载《齐鲁学刊》2010年第4期。

② 参见谢清树：《中国土地征用制度的改革——与市场经济国家土地征用制度的比较》，载《开放时代》2005年第5期。

③ 参见钱忠好、曲福田：《中国土地征用制度：反思与改革》，载《中国土地科学》2004年第5期。

④ 参见王坤：《论我国土地征收法律制度创新》，载《中共杭州市委党校学报》2008年第5期。

⑤ 参见王坤：《论我国土地征收法律制度创新》，载《中共杭州市委党校学报》2008年第5期。

医头脚痛医脚”的做法，并没有触动征地制度，更不能改变其与市场经济的不适应性。我国现行征地法律制度与市场经济的要求相去甚远，因而仅仅进行局部修补无助于征地问题的解决。

2. 市场方式创新的研究

第一，完全市场化研究。

（1）购买论。“购买论”主张公共利益的理解被泛化的根源是非公益性土地征收的替代机制缺乏，这种替代机制应在土地征收制度外构建，集体建设用地直接入市是解决此问题的唯一途径。① 为防止征地权被政府滥用，有的主张将“非公共利益”的经营性建设用地改为直接向集体经济组织购买土地，即使政府用地也应向农民集体购买。② 有的学者则站在去公权化角度，认为通过比例原则进一步限缩征地范围，构建经营性建设用地市场取得机制，确立管制性征收制度规范土地用途管制，通过协议价购程序弱化征地强制性。③

（2）征购论。“征购”论力求创新征地模式来达到改革征地制度的目的，认为应当取消土地征收制度，按照“征储结合，征供分离”的思路，改革现行的征地制度为政府统一征购制，即由政府作为中间者按照公平原则向集体征购土地，然后再根据计

① 参见陶信平、李江鸿：《土地征收中公益性目的被泛化的根源及对策——兼谈开放集体土地一级市场的初步构想》，载《农村经济》2006年第6期。

② 参见龙翼飞、杨一介：《土地征收初论》，载《法学家》2000年第6期；陈平：《土地征用制度的完善》，载《安徽大学学报》（哲学社会科学版）2004年第3期；费安玲：《对不动产征收的私法思考》，载《政法论坛》2003年第1期。

③ 参见房绍坤、王洪平：《集体土地征收改革的若干重要制度略探》，载《苏州大学学报》（哲学社会科学）2013年第1期。

划卖给土地使用者，对公益性项目用地也采取征购制度。提出国家征收土地所有权，建设单位或个人购买土地使用权。这样，可以调和强制与协商以及补偿性与等价有偿原则的关系。[①]

（3）购买与征购并行论。征购与购买各自运行都有无法避免的弊端，将两者结合取其所长，能够适应现实制度设计需要。鹿心社主张应将征地制度按照不同的性质改为土地征购和土地购买制度。也就是在土地利用规划基础上，公益性用地实行征购制度，经营性用地实行土地购买制度。[②] 从鹿心社的观点可看出，他所指出的征购范围较“征购论”学者所指范围更缩进了一步，仅限于公益建设用地。

“购买论”是经营性建设用地的取得方式创新，理论上可以实现市场公平，有利于保护农民利益。但在现实操作中有土地供应总量可能失控、土地交易价格上涨、政府失去增值收益、引发新的社会矛盾等风险。“征购论”用征购取代征收，可以解决征地制度矛盾，符合市场经济规则，利于土地利用规划的落实以及农民利益保护。征购相比较平等购买是有区别的，虽然征购较征收强制性较弱，但相对平等购买还是具有强制性的，所以从这一点上来讲政府并非完全市场化取得，但其主要意图也是采用市场运行规则。购买与征购并行适用分而治之想法固然是好的，意在针对不同的建设用地适用不同的取得方式的设计

① 参见张军连、张凤荣：《农用地转用征用的法律特征及路径选择》，载《中国土地》2001 年第 2 期。

② 参见鹿心社：《积极探索，勇于创新，大力推进征地制度改革——在征地制度改革试点工作座谈会上的讲话》，载《国土资源通讯》2001 年第 9 期。

考虑，但无论是购买还是征购实质上都是“购买”，只不过是一个是直接购买，另一个是间接购买，两者并不能形成取长补短的互补，相反会造成弊端的叠加效应。

第二，部分市场化研究。

“征收与征购并存”论将征地划分为公益性项目的征收，经营性项目的征购。[①]公共利益征收土地的实行“补偿价”，仍采用现有征收制度确定补偿计算办法；[②]而经营性用地则实行“征购价”，按照市场价对农民集体土地进行征购。邢发齐倡导以市场调节为主导，以政府管制为辅助的改革方向，提出以公平待遇制度为基础，解决土地征收替代机制。

“征收与征购并存”对项目用地的界限进行了明确的划分，有助于限定征地范围和防止乱征耕地。由于公益性用地和经营性用地分别采用不同的交易模式，不同性质的征地实行不同补偿标准的做法，导致征地补偿有失公平。

二、国外文献综述

（一）公共产品范围的研究

1. 公共产品理论的研究

1919年产生的林达尔均衡是公共产品理论最早的成果之一，萨缪尔森（Samuelson）根据公共产品具有的非排他性

---

① 参见于广思：《改革势在必行——对当前我国土地征用制度的思考》，载《中国土地》2001年第9期；李俊敏、于海清、余明全：《土地征收制度改革探讨》，载《现代农业科技》2009年第1期。

② 土地补偿费＋农业人口安置费＋青苗补偿费＋地上附着物补偿费的计算办法。

(nonexclusive)和非竞争性(non-rival)两个因素,提出"公共品"的经典定义后,公共品研究进入现代公共品理论阶段。布坎南(Buchanan)通过研究将社会产品分为"纯公共产品"(pure public goods)和"纯私人产品"(pure private goods),介于纯公共产品和纯私人产品之间的中间状态产品,称为准公共产品(quasi public goods)。布坎南的研究又对蒂鲍特(C.M.Tiebout)"以足投票理论"进行了延伸,提出了俱乐部理论(又称为社团理论)。布坎南与蒂鲍特一致认为,在没有政府强制的情况下,为解决公共产品的供给问题,消费者能够通过自愿协商方式达成契约而联合供给。[①] 他们这种供给均衡思想,打破了萨缪尔森—马斯格雷夫建立的纯公共品理论模式,并且更具可操作性,为市场供给公共品提供了理论依据。

斯蒂格利茨(Stiglitz)明确提出,国家所做出的对经济生活领域的任何干预都不是好事。[②] 随着新公共管理运动风暴,众多西方学者开始研究公共品由多方供给的可能性。其中,奥斯特罗姆(Ostrom)在1976年提出了多中心"治道"理论,提供了公共品供给的竞争性方法。萨瓦斯(Savas)在1992年提出了公共品供给的PPP模式,即公私部门合作模式,希望通过政府部门和私人之间的长期合作关系,来降低单一主体供给风险。

---

① 参见[美]詹姆斯·M.布坎南:《民主过程中的财政》,上海三联书店1992年版,第13页。

② 参见[美]斯蒂格利茨:《经济学》,中国人民大学出版社1998年版,第42页。

2. 公共产品分类的研究

基于对公共物品研究的简单化处理原则，萨缪尔森对社会产品提出两分的相对概念，纯私人与纯公共两物品。[①]布坎南也采用两分法，只不过与萨缪尔森不同的是，他将公共物品称为俱乐部物品。[②]巴泽尔（Barzel）采用三分法，首次提出了准公共物品的称谓。[③]因此，三分法是在二分法基础上加上混合物品的类别。[④]随着研究的深入，学界又将混合物品从是否具有竞争性和是否具有排他性角度细分为两类：一类是具有排他性和非竞争性的物品；另一类是具有竞争性和非排他性的物品。

（二）公共产品供给制度的研究

1. 公共产品供给主体的研究

第一，公共物品的政府供给。

霍布斯（Hobbes）在《利维坦》对国家的论述体现了公共产品政府供给的思想，认为公共产品的利益和效用是由个人享有，但个人本身难以提供，而只能由政府或集体来提供。[⑤]休谟（Hume）在《人性论》中说明政府可以克服人性的弱点而供给

① P.A.Samuelson, "The Pure Theory of Public Expenditure", *The Review of Economics and Statistics*, Vol.36, No.4 (1954), pp.387-389.

② J.M.Buchanan, "An Economic Theory of Clubs", *Economica*, Vol.32, No.125 (1965), pp.1-14.

③ Y.Barzel, "The Market for a Semipublic Good: The Case of the American Economic Review", *The American Economic Review, Vol.*61, No.4 (1969), pp.665-674.

④ J.G.Head&C.S.Shoup, "Public Goods, Private Goods, and Ambiguous Goods", *The Economic Journal*, Vol.79, No.315 (1969), pp.567-572.

⑤ 参见[英]霍布斯：《利维坦》，黎思复、黎廷弼译，商务印书馆1985年版，第13页。

桥梁等公共产品，隐含了公共产品政府供给的思想。[①]鲍德威（Robin W.Boadway）和威迪逊（David E.wildsin）认为完全自由的市场无法提供公共产品，公共产品市场供给失灵情况下可行的办法是公共产品由政府直接提供。[②]

第二，公共物品的市场供给。

亚当·斯密（Adam Smith）在《国民财富的性质和原因的研究》中认为政府应该尽可能少地干预经济，政府存在的理由就是供给社会必需的服务。亚当·斯密认为公共产品和设施在完全没有政府的情况下难以较好地提供，但是政府的权力一定要受到限制。[③]穆勒（John Mili）认为，除非政府干预能带来很大的便利，否则便绝不允许政府进行干预，包含了公共产品市场供给的思想。[④]约翰·利奇（John Leach）认为政府不是公共产品的唯一提供者，具有可排斥性和一定程度的非竞争性的产品可由私人提供。[⑤]

第三，公共物品的自愿供给。

阿特金森与斯蒂格利茨在论述中认识到即使没有政府，个

---

① 参见［英］休谟：《人性论》，商务印书馆 1983 年版，第 577~579 页。

② 参见［美］鲍德威、威迪逊：《公共部门经济学》，邓力平译，中国人民大学出版社 2000 年版，第 2 页。

③ 参见［英］亚当·斯密：《国民财富的性质和原因的研究》（下卷），商务印书馆 1996 年版，第 285 页。

④ 参见［英］约翰·穆勒：《政治经济学原理及其在社会哲学上的若干应用》，商务印书馆 1991 年版，第 371~372 页。

⑤ 参见［加］约翰·利奇：《公共经济学教程》，孔晏、朱萍译，上海财经大学出版社 2005 年版，第 143~152 页。

人也会对公共产品进行捐助。[①]伯顿·韦斯布罗德在提出的市场失灵或政府失灵论，认为第三部门可以成为公共产品提供的私营机构。[②]自愿供给与私人供给不同，是基于自主的组织和治理的过程。

第四，公共物品的联合供给。

布坎南将公共物品理论认为是马歇尔的联合供给理论的深化与延伸[③]。根据交易规模的大小，有两条可供选择的解决公共物品的外部性问题的路径：较小的交易规模采用一般的交易过程，较大的交易规模则通过政治过程来达到帕累托最优状态。德姆塞茨也指出联合供给非常有用。[④]

2. 公共产品最优供给模型的研究

萨缪尔森认为，在提供公共产品方面，政府比市场方式更具有效率。对公共产品的最优供给，经济学上主要有根据经济学家林达尔、庇古和萨缪尔森等命名的著名的最优供给模型。戈尔丁等经济学家论证了市场对于公共产品供给的可能性。德姆塞茨指出，市场是在付费的情况下有效提供公共产品的方

---

① 参见[英]安东尼·B. 阿特金森、约瑟夫·E. 斯蒂格利茨：《公共经济学》，上海三联书店1992年版，第643~648页。

② 参见王绍光：《多元与统一——第三部门国际比较研究》，浙江人民出版社1999年版，第31页。

③ J.M.Buchanan, "Public Goods in Theory and Practice: A Note on the Minasian-Samuelson Discussion", *Journal of Law and Economics*, Vol.10(1967), pp.193-197

④ J.M.Buchanan, "Joint Supply, Externality and Optimality", *Economica*, Vol.33, No.132(1966), pp.404-415.

式。[①]史密兹认为,由政府提供、生产全部公共物品并非最有效的途径。[②]

（三）公益用地强制性取得方式改革的研究

美国土地征收是政府征收规范化和效率化的典范,归功于土地征收的功能有效发挥。但尽管力求公平市场价格补偿,土地征收局限凸显。为应对这些局限,美国的学者们提出了各种既能起到土地征收相应的功能,又能克服土地征收的局限的趋于市场化的获取公共土地的替代机制。

1. 土地征收功能的研究

美国政府调用土地征收权,理由是"公共利益",由此而产生的土地征收的功能也是对公共用地取得面临问题的应对和克服,在美国司法理论界土地征收的功能研究主要是应对涉及应对三种类型的交易的问题。允许政府为获取公共用地而调用土地征收的主要功能是:

第一是消除抵抗的问题。根据梳理发现美国土地征收主要应对战略所有者的抵抗、[③]诚实所有者的抵抗[④]和特质所有者的

---

① Demsetz, H. "The Private Production of Public goods", *Journal of law and economics*, 13(October), 1970, pp.293-306.

② H.Demsetz, "The Private Production of Public Goods", *Journal of Law and Economics*, Vol.13, No.2(1970), pp.293-306.

③ Daniel B.Kelly, "The 'Public Use' Requirement in Eminent Domain Law: A Rationale Based on Secret Purchases and Private Influence", *CORNELL L.REV, March* 9, 2006, p.7.

④ Shavell, Steven., "Eminent Domain versus Government Purchase of Land Given Imperfect Information About Owners' Valuations", *Nber Working Paper Series*, 2010, p.128.

抵抗[1]三种不同抵抗问题。战略所有者的抵抗是区域内土地所有者的联合抵抗，[2]当政府试图为公共项目谋求土地时，土地的所有者会为获取高于市场的价格进行战略性联合抵制政府协议购买，[3]抵抗会延长公共用地取得周期，此时需要土地征收权力来克服这种战略所有者可能抵抗的威胁。[4]诚实所有者的抵抗原因不同于战略抵抗，战略抵抗是所有者联合意在获取高于市场价格，而诚实所有者的抵抗是出于非联合的，是由政府对所有者财产估值的不完全信息引发的。当所有者对自己土地估值低于政府出价，不抵抗；否则，高于政府出价，抵抗。[5]特质所有者的抵抗是有别于战略抵抗和诚实抵抗的，特质所有者拒绝出售，除土地财产客观性价值之外，主观性价值是特质所有者的抵抗

① Shavell, Steven., "Eminent Domain versus Government Purchase of Land Given Imperfect Information About Owners' Valuations", *Nber Working Paper Series*, 2010, p.130.

② Daniel B.Kelly, "Acquiring Land Through Eminent Domain: Justifications, Limitations, and Alternatives.", *Research Handbook on the Economic Analysis of Property Law*, Kenneth Ayotte & Henry E.Smith, eds., Edward Elgar, 2011, pp.3–4.

③ Heller, Michael A., and Rick Hills, "Land Assembly Districts", *HARV.L.REV*, 2018, p.13.

④ Daniel B.Kelly, "The 'Public Use' Requirement in Eminent Domain Law: A Rationale Based on Secret Purchases and Private Influence", *CORNELL L.REV.*, March 9, 2006, p.7.

⑤ Daniel B.Kelly, "Acquiring Land Through Eminent Domain: Justifications, Limitation, and Alternatives", *Research Handbook on the Economic Analysis of Property Law*, Kenneth Ayotte & Henry E.Smith, eds., Edward Elgar, 2011, p.8.

的原因，[1]诸如对土地的特殊情感。[2]

第二是克服双边垄断。在单一买方和单一卖方的情况下，容易产生双边垄断问题，双边垄断可能无法达成双方满意的价格，可能会造成交易成本高增加，致使协议购买无法实现。而土地征收恰恰能够起到抑制双边垄断的功能，缩短交易周期。[3]

第三是减少交易成本。在多数学者看来，自愿交易成本显著的情况下，土地征收当然发挥其作用。否则，若自愿交易成本少于动用征收所用成本时，征收功能不发挥作用。也就是说，在与现有的所有者自愿交易条件下的成本超过交易利益时，政府会进行干预调用征收获得公共土地。[4]

第四是抵制负外部性。如果集中的社会价值大于现有的所有者的估值，而私人集中者所给估值又小于该现有所有者的估值，与每一位所有者的谈判成本高昂的情况下，负外部效应或负外部性出现。外部性影响到周围的社区，政府会干预使用土

① Daniel B.Kelly, "Acquiring Land Through Eminent Domain: Justifications, Limitations, and Alternatives." *Research Handbook on the Economic Analysis of Property Law*, Kenneth Ayotte & Henry E.Smith, eds., Edward Elgar, 2011, p.8.

② Shavell, Steven, "Eminent Domain versus Government Purchase of Land Given Imperfect Information About Owners' Valuations", *Nber Working Paper Series*, 2010, p.130.

③ ThoMas W.Merrill&Henry E.Smith, "Property and property rules", *American Law&Economics Association Annual Meetings, 2004-law.bepress.com*, pp.1220-1222.

④ Heller, Michael A., and Rick Hills, "Land Assembly Districts", *HARV.L.REV.*, 2018, p.10.

地征收，以消除因为负外部性的“弊端”。[①]

2. 土地征收局限的研究

政府的征收行为虽然具有较为优越的功能作用，但随着美国近年经济社会发展，严重受到补偿自身的限制，学者将其归结为三类：

一是土地价格评估困难。总结学者的论点，土地评估面临评估主观价值缺失、政府评估信息不充分和评估费用阻碍三种困难。美国以“公平市场价格”为征收补偿原则，土地评估信息不仅应包括客观价值（财产的价值），而且还应包括主观价值（包括情感的维系以及特质的依恋）。但美国土地征收对价值评估只考虑所有者的客观价值，[②]而并不包括所有者的主观价值。[③]主观价值是一般意义上“公平市场价格”所拓展的内涵，也是土地征收补偿内容上的新范畴，虽然难以量化，但实该引起重大关注。没有关于所有者估值的完善信息，政府在决定是否调用征收时就没有关于所有者的估值完美的信息。[④]

二是潜在的二次寻租。当集中的地块的估值大于该地块集

---

① Shavell, Steven, “Eminent Domain versus Government Purchase of Land Given Imperfect Information About Owners' Valuations”, *Nber Working Paper Series*, 2010, pp.135-142.

② Daniel B.Kelly, “Acquiring Land Through Eminent Domain: Justifications, Limitations, and Alternatives”, *Research Handbook on the Economic Analysis of Property Law*, Kenneth Ayotte&Henry E.Smith, eds., Edward Elgar, 2011, pp.13-16.

③ Heller, Michael A., and Rick Hills, “Land Assembly Districts”, *HARV.L.REV.*, 2018, p.8.

④ Garnett, Nicole Stelle, “The Neglected Political Economy of Eminent Domain”, *MICH.L.REV.*, January 13, 2006, p.104.

中之前的估值时，使用土地征收会产生一个盈余，征收者会接收100%的盈余，其结果是，利用土地征收可能会产生一种“二次寻租”。[1]因此，丹尼尔·凯利进一步说明，许多团体将有兴趣试图说服政府调用土地征收权，特别是如果征收利益集中在相对少数私人团体，而土地征收成本被分散在相对大量的土地所有者或纳税人中间时，这类寻租成本可能会超过任何转让产生的盈余。[2]

三是增加行政成本。经由双方同意交换购买土地涉及若干交易成本，通过土地征收权征收土地须承担一定的行政成本，而这些成本也应加以考虑。征收必需各种行政费用，土地征收在征收过程各个阶段都有行政成本。这些费用成本包括授权使用土地征收权费用、调用和行使征收权消耗以及鉴定成本、评估的财产费用等。[3]土地征收是否适当，这些管理成本是重要考虑因素，但往往这些成本比较高昂。[4]

3. 土地征收创新的研究

相对于市场，土地征收其实是政府替代市场直接配置土地

---

① Thomas W.Merrill&Henry E.Smith, “Property and property rules”, *American Law&Economics Association Annual Meetings, 2004-law.bepress.com*, pp.1276-1277.

② Daniel B.Kelly, “The ‘Public Use’ Requirement in Eminent Domain Law: A Rationale Based on Secret Purchases and Private Influence”, *CORNELL L.REV.*, March 9, 2006, p.24.

③ Thomas W.Merrill&Henry E.Smith, 2004. “Property and property rules”, *American Law&Economics Association Annual Meetings, 2004-law.bepress.com*, pp.1286-1293.

④ Shavell, Steven, “Eminent Domain versus Government Purchase of Land Given Imperfect Information About Owners’ Valuations”, *Nber Working Paper Series*, 2010, p.151.

资源。面对不完美的市场和同样不完美的政府，必须作出选择：是依靠市场配置资源还是依靠政府来配置资源？美国司法实务界及学界着重对这种征收制度的改革进行研究，更有很多学者在考虑土地征收的功能和局限的前提下，创建替代机制方案，既为公众项目也为涉及公共利益的私人项目。经梳理大致有三种替代选择机制：第一是秘密购买机制。① 此种机制是防止战略抵抗发生，而由代理人秘密购买的方式集中土地。第二是土地集中区的产权制度。土地集中区制度（LAD）是由海勒和希尔斯（Heller and Hills）② 提出的一种新的产权制度，他们认为LAD优于土地征收。LAD是土地所有者通过多数票权力批准或不批准出售他（们）社区的土地给一个寻求整合成一片土地的开发商或市政。在土地集中区范围内根据每一个所有者分享的土地，按比例分配投票权。有多数人的同意，土地集中者就可以获得整个地区的所有权，土地所有者获得他们期望销售价格所占比例。如果没有多数同意，所有者保留他们的土地。无

① Thomas W.Merrill & Henry E.Smith, 2004. "Property and property rules", *American Law&Economics Association Annual Meetings, 2004-law*.bepress.com, p.1295. Daniel B.Kelly, "The 'Public Use' Requirement in Eminent Domain Law: A Rationale Based on Secret Purchases and Private Influence", *CORNELL L.REV.March* 9, 2006, p.26. Heller, Michael A., and Rick Hills.2008. "Land Assembly Districts", *HARV. L.REV.*, p.25 Daniel B.Kelly, "Acquiring Land Through Eminent Domain: Justifications, Limitations, and Alternatives" *Research Handbook on the Economic Analysis of Property Law*（Kenneth Ayotte&Henry E.Smith, eds., Edward Elgar 2011）, pp.26-28. Shavell, Steven, "Eminent Domain versus Government Purchase of Land Given Imperfect Information About Owners' Valuations", *Nber Working Paper Series*, 2010, p.152.

② Heller, Michael A., and Rick Hills, "Land Assembly Districts", *HARV.L.REV.*, 2018, p.31.

论是土地集中者，还是土地集中区都不允许使用土地征收权。第三是拍卖机制。海勒和希尔斯创建“SP”拍卖机制。丹尼尔·凯利[①]提出“VCG”拍卖机制。

第三节 本书基本框架

本书意在通过对公益用地取得方式的法律规制来达到对建设用地的控制以及土地用途的管制。本研究遵循着“什么是公益用地取得方式法律制度”，“为什么要创新公益用地取得方式法律制度”，以及“如何进行公益用地取得方式法律制度创新”的思路展开。本书先是对公共利益、公益用地的概念进行界分，明确公益用地的范围和特征。在对公益用地取得主体、客体、行为为内容的法律关系进行解析的基础上，得出公益用地取得方式的概念、类型。从我国现有公益用地取得强制性方式制度改革的必要性入手，以经济学及法理学理论为依据，结合现今国家改革及地方探索实证的现实依据，说明公益用地市场取得方式制度的正当性，为研究公益用地取得方式创设及制度创新提供理论基础。结合理论与现实，确定公益用地取得方式的选择标准和制度适用条件，为我国公益用地取得方式改革提供建模参考。从公益用地强制取得方式改革的市场化方向探讨，提出适合我国国情的公益用地市场取得方式创新路径选择，进而

① Daniel B.Kelly, “Acquiring Land Through Eminent Domain: Justifications, Limitations, and Alternatives”, *Research Handbook on the Economic Analysis of Property Law*(Kenneth Ayotte & Henry E.Smith, eds., Edward Elgar 2011), pp.30-32.

提出以市场方式优先的我国公益用地多元取得方式的具体法律制度构建设计。

全书共分为六章,具体结构内容如下:

第一章　绪论

本章主要是针对选题的论证,介绍选题的制度背景、选题的目的和意义,梳理和评价国内外的研究现状,介绍所运用的研究方法和分析工具,阐述研究的基本框架以及内容,指出研究的难点和可能的创新,交代研究中存在的不足以及在此基础上的完善。

第二章　公益用地取得方式的法律分析

公益用地取得方式是本书研究的逻辑起点。本书从公益用地的界定入手,通过对公共利益的理论辩争、语义分析,提出公益用地概念。除了给公益用地进行概括描述外,还确定了公益用地的种类范围及公益用地的法律特征。法律关系构成是深入研究的依据,所以通过公益用地取得主体、客体、行为内容进行解析,得出公益用地取得行为是经济法调整下的经济法律行为,是基于等价有偿的权利交易行为,是发生物权变动结果的行为。公益用地取得主体包括公益用地取得人和原土地权利人,政府作为公益用地取得人取得原土地权利人的土地。取得的权利内容包括土地的所有权和使用权等他项权。通过对公益用地取得法律关系的分析,笔者得出公益用地取得方式的概念。

第三章 公益用地市场取得方式的正当性

本章从制度的成本与收益角度对现行公益用地强制取得方式进行分析，通过分析土地征收的制度成本远远大于其收益、强制性的取得方式理所应当进行改革和创新，提出强制性取得方式改革的必要性。然后，依据公共产品理论、新公共管理理论、交易成本理论等经济学理论和公私法融合理论、物权权能理论等法学理论，结合公益用地取得方式实际，提出公益用地市场取得方式的经济学与法学理论理论基础。理论存在并不必然可靠，为进一步印证市场取得方式的正当性，本章对代表性国家和地区的公益用地市场取得方式进行了制度验证。通过对代表性国家和地区的公益用地取得制度验证，得出共同的趋势在于：第一，制度效率是公益用地取得方式的选择标准；第二，权属交易是公益用地取得的法律途径；第三；市场方式优先是公益用地取得的基本模式。为进一步检验市场取得方式的正当性和探寻我国关于征地制度改革的实践，本章通过对近年来国家政策和地方立法改革的梳理，总结出国家征收改革的趋势在于：第一，经营性用地退出征地范围；第二，充分保障土地私权；第三，提高征地补偿标准。地方立法中公益用地取得方式改革的模式在于：第一，完善强制性取得方式，具体包括实行征转分离、前置协商方式、强化原土地权利人的权利、缩限征地范围等做法；第二，集体经营性建设用地直接入市；第三，准公益用地采用市场方式取得。通过对国家市场化改革的趋势和地方改革探索模式的梳理，笔者总结出改革的制度走向在于：第一，明确公益用地范围是公益用地取得的前提；第二，公益用地市场取得方式是制度创新的趋势；第三，公益用地多元化方式取得是效率的必然要求；第四，加强土地私权的保护是公益用地市场取得的目标。

第四章 公益用地取得方式的选择标准与设定条件

为了给制度构建创建理论模型，本章着重对公益用地取得方式的选择标准和设定条件进行研究。提出公益用地取得方式的选择应遵循效率权衡标准、公益性程度标准和交易条件标准等标准。因为公益用地具有不确定性，公益用地取得方式也因此具有不确定性。交易条件标准确定的是理论意义上的政府行为边界，政府介入依然没有明确标准。只有将两者与效率标准相结合，按照交易成本与行政成本的比较才能有效地选择合适的取得方式。根据理论依据和取得标准，本书提出公益用地取得方式制度设定的条件在于：第一，以保障土地私权为制度前提；第二，按先市场后强制时序要求适用取得方式；第三，以公平交易价格为权利变动的条件；第四，依最小损害原则权衡土地取得方式。

第五章 我国现行公益用地取得方式的制度评价

本章通过对我国现行公益用地取得方式制度的全面梳理，概括出现行公益用地取得方式具有行政方式的强制性、法律关系的不平等性、公权力优先的单方意志属性等特征；指出现行公益用地取得方式制度具有市场化取得方式的制度阙如、私法调整机制的缺乏、权属转移方式的不足、利益补偿的非公平等缺陷；分析造成现行公益用地取得方式制度存在问题的制度成因在于：公益利益泛化，公权力主导，土地权能缺失，过于依赖权属转移，权利保障制度缺失，监督机制不足。

第六章 我国公益用地市场取得方式法律制度的构建

在对完全市场方式和部分市场方式等公益用地改革的模式进行分析后，笔者提出了针对我国强制性取得方式改革的折中路径设计：第一，削弱强制性方式，其中包括基于限权与控权实行强制方式改革和创新非权属转移的方式；第二，建立市场化方式，就是确立平等协商购买方式。然后笔者提出界定公益用地的判断标准，包括确定公益用地标准的实体规范与审查的程序规范。最后提出建立市场方式优先的公益用地多元取得方式制度：第一，建立购买方式为主的公益用地取得制度；第二，强制性方式限定为纯公益用地取得的保障方式；第三，创设非权属转移的取得方式制度。

第四节 研究方法与分析工具

一、理论分析的方法

本书以法学理论为支撑并辅助经济学、制度经济学、土地经济学、土地管理学理论，通过对公共产品供给模式、公共产品供给法律制度和土地征收法律制度创新等理论论述，为进一步研究公益用地取得方式法律制度创新打下坚实理论基础。

二、规范分析的方法

作为法学研究的基本方法，规范分析依法规范为主要任务。本书规范分析主要体现在国内与国外两个层面，在国内分析的层面，以《土地管理法》关于强制性取得方式规定为主线，兼顾国家针对强制性取得方式市场化改革措施及地方创新实践规定，主要体现在第三章公益用地强制取得方式制度改革的必要性和第五章我国现行公益用地取得方式的制度评价，通过对我国现行强制性方式法律规范的分析，得出强制性方式的特点、缺陷及成因，并从制度的成本与收益比较的角度提出公益用地强制性取得方式制度改革的必要性。在国外代表性国家和地区的公益用地取得方式的法律制度样本的分析，主要体现在第三章代表性国家和地区公益用地市场取得的制度验证，通过公益用地取得方式制度的规定和特点，得出公益用地取得应有的规律、原则共同的经验趋势，从中找出有益于我国的立法经验和通行做法。

三、比较借鉴的方法

公益用地市场取得方式制度在构架上是在移植国外制度的基础上进行的，为了使其更好地发挥经验指导意义，本书通过对代表性国家和地区的公益用地市场取得方式进行制度验证，概括出公益用地取得方式创新趋势，为我国公益用地取得法律制度立法提供借鉴样本。同时通过分析比较找出我国公益用地取得症结所在，结合我国所面临的特有问题，有针对性地加以分析和研究，从而提出和论证解决问题的有效方案。

四、实证分析的方法

本书在涉及我国公益用地市场取得方式法律制度的实践问题上，选择中央和地方制度样本进行实证分析。考察公益用地取得方式创新的现状，在此基础上得出我国公益用地市场取得方式法律制度实践经验。

第五节 难点与创新之处

一、难点

研究文献资料不足。现有文献多从土地行政法、资源管理、土地经济学的角度对公益征收、集体土地征收等进行论述分析。从经济法视角对土地征收法律制度创新的文献也是所占比例较小，只有国内外关于土地征收制度创新及公共产品供给法律制度的研究。因此，本书没有系统性的国内外文献资料作为研究参考，势必造成理论依据不足或制度设计局限。

比较研究借鉴性受限。由于目前参考的其他国家和地区一般实行土地所有权私有制，与我国土地公有、二元的土地所有制结构特殊国情不同，土地立法上的术语称谓等也不尽一致，如何借鉴域外相关法律制度经验，并在此基础上为我国公益用地市场取得方式理论实践服务，写作中着实难以把握。

立法模型空白。目前，我国尚未有公益用地相关法律制度规定，即使公共产品供给法律制度也未见有立法痕迹。因此，公益用地取得法律制度构建应把握什么样的立法目标理念，公益用地取得制度应遵循什么样的原则，公益用地取得法律关系要素该如何选择，怎样构建公益用地取得法律制度，没有典型的立法模型可资借鉴，这也给写作增加了相当的难度。

二、创新之处

第一，对公益用地及取得方式概念研究的创新。笔者通过对现有相关研究文献的梳理发现有少数研究文献从土地管理学的视角对公益用地的分类及标准进行研究，对公益用地取得方式的研究基本处于空白状态。本书从公益用地承载的公共利益及归属的公共产品性质进行分析，得出公益用地的概念、范围，并提出公益用地的实体和程序判断标准。进而从法律关系构成视角，将公益用地取得方式按照主体、客体、行为进行解析，得出公益用地取得方式的概念。

第二，就公益用地取得方式的选择标准和设定条件探讨。本书依据公共产品供给理论、新公共服务理论、交易成本理论等经济学理论与公私法融合理论、物权权能理论等法学理论，提出公益用地市场取得方式的理论基础。在理论基础上提炼出公益用地取得方式的选择标准和设定条件。

第三，从权利与权力的内涵要求提出公益用地取得方式制度创新路径。对公益用地市场取得方式制度的研究，实质在于使市场方式在土地资源配置上起基础性作用，对政府强制性取得方式进行去权化改革。我国公益用地取得立法理念应当从权力本位向权利本位转变，强制取得方式垄断向市场方式为主体的多元取得方式转变。使政府在充分尊重土地私权，按照等价有偿的原则与土地的使用者进行交易，即使在交易无法达成一致而适用强制性方式时，也要通过等价有偿原则协商补偿。因此，本书提出公益用地市场方式创新路径：建立市场化方式和削弱强制性方式的双重路径设计。

第四，基于国内外市场化制度经验和实践，构建公益用地市场取得方式制度。本书通过对国外代表性国家和地区的公益用地取得方式制度样本的分析，得出共同的市场化和准市场化的制度趋势。结合当下国家及地方的强制性取得方式市场方向的改革实践，提出我国公益用地取得方式制度应构建为市场方式优先的公益用地多元化取得方式制度。

第二章　公益用地取得方式的法律分析

公益用地属于建设用地地类，承载公共福利，体现和代表公共利益，国家应保证公益用地的供应。目前，我国公益用地取得往往通过征收方式进行，来源主要以农村集体土地为主，目的在于使公益用地取得优先、效率化，但由于公共利益的泛化，公益用地征收方式取得既不能代表公共利益，又不能严格恪守土地用途管制。作为公益用地配置的手段，公益用地取得方式应体现和代表社会整体公共利益，综合运用政府与市场两种调和的方式，既能代表公平又能取得效率。我国转型期的公益用地取得方式逐显单独行政性方式的不足，无论从理论上还是从实践探索中，都有向市场化方式方向转变的趋势。至此，公益用地取得方式兼顾了公平与效率，运用市场与政府双重方式，公益用地具足了公共产品的相关特征，所以从本质上来说公益用地的取得方式应为经济法的调整范围。

第一节 公益用地的界定

一、公益用地的基本概念

（一）“公共利益”的含义

1.“公共利益”的立法表达

“公益用地”内含“公共利益”（Public Interest）意味，“公共利益”是公法、私法高频词汇，法律已经认同“公共利益”作为法律范畴的正当性，增进和维护公共利益成为法律的主要目的之一。按照我国现行土地法制，“公共利益”术语写进2004年宪法修正案条文中，继而出现在《土地管理法》及《物权法》的“立法目的”以及“征地的目的”中。①虽然《国有土地上房屋征收与补偿条例》（以下简称《征补条例》）第8条对公共利益的外延进行了列举，②却还存在公共利益层次没有明确的缺陷。

① 根据我国《宪法》第10条、《土地管理法》第2条的规定，为了公共利益的需要，可以依法对土地实行征收或者征用，并给予补偿。《物权法》第42条规定：为了公共利益的需要，依照法律规定的权限和程序可以征收集体所有的土地和单位、个人的房屋及其他不动产。并没有对公共利益进行界定或者列举。

② 《国有土地上房屋征收与补偿条例》第8条规定：“为了保障国家安全、促进国民经济和社会发展等公共利益的需要，有下列情形之一，确需征收房屋的，由市、县级人民政府作出房屋征收决定：（一）国防和外交的需要；（二）由政府组织实施的能源、交通、水利等基础设施建设的需要；（三）由政府组织实施的科技、教育、文化、卫生、体育、环境和资源保护、防灾减灾、文物保护、社会福利、市政公用等公共事业的需要；（四）由政府组织实施的保障性安居工程建设的需要；（五）由政府依照城乡规划法有关规定组织实施的对危房集中、基础设施落后等地段进行旧城区改建的需要；（六）法律、行政法规规定的其他公共利益的需要。”

宪法、法律虽然对土地征收之公共利益目的均有提及，然而对公共利益的内涵、范围语焉不详。而在《城镇国有土地使用权出让和转让暂行条例》第 42 条中却以“公众利益”相称，而非“公共利益”，其背后隐含的动机（目的）为何？不得而知。但究竟“公共利益”的内涵何为？其虽不明确予以界定，却属重要而无可回避之事。

2.“公共利益”的学术争论

公共利益，从字面上理解，可称为公共的利益，简称公益，但对于“公共利益”存在迥异理解。公共利益是一个通俗而又深奥，简单而又抽象的概念，也是一个多学科的迷思问题。笔者经梳理发现，大致有以下学术定义类型。

第一，语义解析说。

持有此种观点的学者将“公共利益”一词进行分解，从“公共”和“利益”两个方面解构分析公共利益的内涵。

（1）关于“公共”的解读

德国学者洛厚德（C.E.Leuthold）提出了以地域基础作为界定人群的标准，公益是一个相关空间内关系人数的大多数人的利益，公益是任何人但不必是全部人们的利益。[①] 他的解释是按照“地域基础标准”简单地对“公共”进行判断，但存在应对现实问题方面解释力的不足。而德国学者纽曼（F-J. Neumann）按照利益效果所及的范围，提出了“不确定多数人

① 参见陈新民：《德国公法学基础理论》，山东人民出版社 2001 年版，第 184 页。

标准”，即受益人的多寡方式确定“公益”。[①] 对于纽曼的观点，有些学者则认为有“暴政之嫌”，对少数弱势群体的忽略。[②] 将少数群体利益排除在公共利益受益主体之外，不符合对公共利益的追求。[③]

鉴于正面界定“公共”的困境，有学者则从特有的反面角度，以“某圈子之人”作为“公共”的相对概念，“公共”具有数量上的多数、非隔离性。[④] 抑或具有开放性、不特定性、变动性。[⑤] 笔者认为，开放性、不特定性与“公共”之特性较为贴合，而非隔离却值得商榷。

（2）对“利益”的阐释

何为“利益”，众说不一。有说“利益”是给人们带来快乐幸福的东西。如英国功利主义法学家边沁（Jeremy Bentham）提出的最大幸福说。[⑥] 有人认为由于利益的判断主体的差异性、利益内容的广泛性、利益判断的历史性，利益是一个不确定的概念。

如上所述，“公共”涉及的是利益的主体范围问题，“利益”

① 参见陈新民：《德国公法学基础理论》，山东人民出版社 2001 年版，第 185~186 页。

② 参见杨建顺：《日本行政法通论》，中国法制出版社 1998 年版，第 423 页。

③ 参见范振国：《公共利益的法律界定与限制研究》，吉林大学法学院 2010 年博士学位论文，第 30 页。

④ 参见城仲模：《行政法之一般法律原则（二）》，三民书局 1999 年版，第 158 页。

⑤ 参见杨峰：《财产征收中“公共利益”如何确定》，载《法学》2005 年第 10 期。

⑥ 参见杨通进：《爱尔维修与霍尔巴赫论个人利益与社会利益》，载《中国青年政治学院学报》1998 年第 4 期。

属于价值判断的范畴，两者均属于不确定概念。对“公共”“利益”的语义分解来界定概念不能取得理想效果，因为两种语义之不确定，导致“公共利益”更难于确定。

第二，集合性利益说。

该说认为，如同社会是个人的总和一样，“公共利益”并非是与“个人利益”相对立的术语，而是个人利益的总和。[①]如边沁从受益人数量的角度把握公共利益的内涵，主张个人利益应与公共利益相统一，所有个人利益之和就是所谓的“公共利益”。[②]我国学者张千帆认为“公共利益”作为一个法律概念，重心在于“公共”，“公共”是一个非个体性的概念，并不是抽象的，而是由实实在在的个体构成的，既然“公共”是由个体构成的，“公共利益”也是个人利益的某种组合。公共利益是法治的目标，那么法律就是要实现个人利益之和的最大化。[③]

诚然，此种学说兼顾了公共利益和个人利益的关系，使个人利益得到重视，但这种个人利益即使具有一致性，人们也不能将利益如此简单相加。恰如哈耶克所言，从某种意义上讲，公共利益必须是个人利益的总和，但如何聚合个人利益，似乎又是无法解决的问题。[④]因此，这种功利主义界定方式未免失于

---

① 参见[英]史蒂文·卢克斯：《个人主义》，阎克文译，江苏人民出版社2001年版，第46页。

② 参见[英]边沁：《政府片论》，沈叔平等译，商务印书馆1995年版，第150页。

③ 参见张千帆：《“公共利益”是什么？——社会功利主义的定义及其宪法上的局限性》，载《法学论坛》2005年第1期。

④ 参见[英]弗里德利希·冯·哈耶克：《法律、立法与自由》（第2卷），邓正来译，中国大百科全书出版社2000年版，第2页。

简单。

第三，共同利益说。

与个人集合利益相异，有学者提出，公共利益不是个人利益的简单集合相加，而是社会共同的、综合的、整体的和理性的利益。[①]公共利益以共同利益（common interests）为基础的，具有社会共享性和普遍的影响力的，涉及政治共同体中所有成员或绝大多数成员的利益，公共利益相当于全社会的共同利益。社会公共利益主体上是整体利益而非局部利益，内容上是普遍利益而非特殊利益。[②]与个人利益相反，公共利益起源于公共需求，是满足公共需求，实现共同目的，代表共同意志，共同受益的事物。[③]

以上学者所论大都揭示了公共利益具有的共同性、一般性特点，但并未关注其他特点，未免有固守已见、以偏概全之嫌，因此而得出的结论也有失偏颇。笔者认为，将公共利益局限理解为共同利益混淆了利益范围的边界。因共同利益既有公共性，也有私人性，所以共同利益说难以为继。

第四，竞争选择说。

不同意共同利益说的学者认为，公共利益不过是个体、群体、集团及政府等主体彼此间竞争的最后结果选择，是利益主

---

① 参见韩大元：《宪法文本中"公共利益"的规范分析》，载《法学论坛》2005 年第 1 期。

② 参见孙笑侠：《法的现象与观念》，山东人民出版社 2001 年版，第 68~69 页。

③ 参见席恒：《利益、权力与责任——公共物品供给机制研究》，中国社会科学出版社 2006 年版，第 9 页。

体间互相制约和妥协的基础上达到的平衡。[①]如美国学者亨廷顿(Huntington)将对公共利益的理解归结为个体与群体间竞争的结果。有的学者认为公共利益是公共理性与多元文化利益博弈对抗的平衡。[②]

如上学者所论,不管是利益平衡,还是利益结果选择,实际上竞争选择就是"丛林法则"——适者生存,不适淘汰,对于竞争博弈的后果,处于强势地位的主体较处于弱势地位的主体而言,更容易实现利益。所以,依此来界分公共利益与非公共利益未免有舍弃民意之嫌。因为对社会弱势群体的保护也是公共利益应有之义。

第五,价值论说。

有的学者从价值的角度探讨公共利益,认为公共利益凸显一个社会的基本价值。[③]作为社会基本价值的公共利益,既不是利益也不是政策标准,而是一个基本的价值文化。[④]是建立在个人正当利益之上,由不特定人受益的并经立法者价值衡量后认定的高于个人利益的重大利益。[⑤]

学者们将公共利益视为价值的观点有其合理的内涵,看到

---

① 参见张旺:《论公共利益的界定》,载《理论学刊》2007年第1期。

② 参见楼利明:《论公共利益——一种哲学式的诠释》,载《浙江学刊》2007年第4期。

③ John Bell, "Public Interest: Policy or Principle", Roger Brownsword ed., *Law and The Public Interest*, Franz Steiner Verlag Stuttgart, 1993, p.27.

④ Frank J.Sorauf, "The Public Interest Reconsidered", *The Journal of Politics*, Vol.19(1957), pp.617-624.

⑤ 参见麻宝斌:《公共利益与政府职能》,吉林人民出版社2003年版,第245页。

了价值本身的特点，充分认识了公共利益所具有的基础性、普遍性、理想性的基因。价值论说认识到了公共利益的有益性、道德的正当性，但价值本身的判断具有复杂性。受价值主体、生产生活方式、制度环境文化传统等因素影响，会导致价值判断的不一致，甚至价值冲突。所以，用本来就不确定的“价值”概念来界定不确定的公共利益，很难形成明确的词解。

第六，反向排除说。

鉴于正面解释难以界定公共利益的内涵，学者们则从反面切入，采用排除方式界定公共利益。将非公共利益予以排除，去伪存真，实现公共利益的准确解释。如刘连泰主张将“公共利益”反向展开，廓清边界，把貌似“公共利益”的排除出去，只有在无法通过反向排除的情况下，才套用对“公共利益”的正面说明来甄别征收和征用行为是否符合公共利益。①

一般来说，首先，反向排除商业利益。生活中公共利益情形无法列举详尽但可以从反面将不属于公共利益的商业利益排除。②对商业利益的排除有严格和宽松两种类型，区别之处主要在于公共利益的财产是否可用于商业用途。严格型的主张不能用于商业用途，否则不符合公共利益目的性条件。③宽松型的并没有将商业利益形态完全排除在公共利益之外，但主张对其进

① 参见刘连泰：《“公共利益”的解释困境及其突围》，载《文史哲》2006年第2期。

② 参见佟丽华、白羽：《和谐社会与公益法》，法律出版社2005年版，第6页。

③ 参见杨峰：《财产征收中“公共利益”如何确定》，载《法学》2005年第10期。

行严格限制以防止权力滥用。[①]其次，反向排除政府及工作人员的利益。政府及其工作人员代表民众履职，其权力具有公共性应然特征及权力私人性特征。[②]政府及其工作人员必须坚持维护非私利之公共利益道德化取向。

反向排除具有方法论上的独到之处，其对正面解释具有辅助之功，解决判定效率问题。但同正面解释一样，反向解释同样会面临廓清边界的困境。它只能对明显的非公共利益进行排除，但如何确切逼近真实边界，其自身也无施展之术。

以上学者分别从不同角度解释了"公共利益"，各有可取之处，由于公共利益的不确定性、抽象性、发展性等自身特点，公共利益是一个"罗生门"式的概念，对其作准确界定实非易事，很难在学术界、理论界中形成一致的观点，因而不适宜对其作出一个统一适用的法律解释。[③]土地征收制度依靠国家公权力取得他人土地所有权，实质上是公权力与私权利的对抗，"公共利益"是衡量征收正当目的性的标准和判断土地征收是否合宪合法的依据。基于此，公共利益的概念、内容复杂且变化多端，属于"非确定性法律概念"。在土地法制范围内，也应结合建设用地范畴来概括抑或列举公益用地的范围。

---

① 参见房绍坤、王洪平：《论我国征收立法中公共利益的规范模式》，载《当代法学》2006年第1期。

② 参见董长春：《权力的私人性及其法律控制》，载《社会科学论坛》2005年第5期。

③ 参见张千帆：《公共利益是什么？——社会功利主义的定义及其宪法上的局限性》，载《法学论坛》2005年第1期。

3.“公共利益”与相关概念的界分

第一，与“共同利益”的区别。

共同利益是公共利益的重要取向，共同利益可指多数人利益，也可指少数人利益。共同利益可具有公共性的，也可具有私人性的，这取决于共同利益关系的本质属性。[①]因此，公共利益与其他利益的共同性相异之处在于具有社会性和共有性。社会性亦即普遍性、非排他性，社会任何成员均可享有。共有性即共同享有、非专属性、受益均等性。[②]所以说，我们谈及的集团利益、政府利益、部门利益、地方利益均是共同利益，共同利益在“本圈子”范围内具有合理性。但其不具备社会性，因此不属于公共利益。

第二，与“公众利益”的区别。

公共利益（public interest）与私人利益（private interest）相对应，我们习惯地称其为“公益”，但与其相近的一个词“公众利益”，有的人也简称其为“公益”，那么此公益与彼公益，哪个才能成为“公益”呢？实际上简称本身没有什么问题，关键在于如何区别公共利益与公众利益。从词的本源上讲，公益是公共的利益（多指卫生、救济等群众福利事业）。[③]而公众利益（most people benefit）是指公众的利益，“公众”解释为“社

① 参见王景斌:《论公共利益之界定——一个公法学基石性范畴的法理学分析》，载《法制与社会发展》2005 年第 1 期。

② 参见王景斌:《论公共利益之界定——一个公法学基石性范畴的法理学分析》，载《法制与社会发展》2005 年第 1 期。

③ 《辞海》，上海辞书出版社 1989 年版，第 436 页。

会上大多数的人"[1]，那么公众的利益就是社会上大多数人的利益。公众利益既有公共性质的，也有私人性质的。从这种角度理解，公共利益包含公众利益，还有政府利益、国家利益等，绝不能将公众利益等同于公共利益。因此，为行文方便和准确用词，本书遵从"公益"是"公共利益"的称谓。

第三，与"公共福利"的区别。

公共福利又称"公共福祉"，是国家和社会为满足全体社会成员的社会福利的重要项目，包括公益性设施和相关服务，具有宏观性、社会化、多样化特征。我国大陆现有法制中没有这样的称谓，在我国台湾地区"区域计划法"第1条以及"国民条例"第1条以"公共福利（社会福祉）"来称呼。《德国建筑法典》第87条第1项明定土地征收要符合"公共福利"（Das Wohl der Allgemeinheit）要件，不得置"公共福利"于不顾。[2]那么，公共福利与公共利益分野之处在哪？应有探究之必要。德国司法实务界认为公共利益尚需符合事件本质上"重大性"（Schwerwiegendlichkeit）与时间上"紧迫性"（Dringlichkeit）两项要件后，才符合"公共福利"，并且只有符合"公共福利"才能依法申请征收。[3]公共福利的概念范围要小于公共利益的范围，公共利益和公共福利都蕴含福利内涵，但较公共利益来说，公共福利具有事件本质的重大性和时间的紧迫性。"福利"（英

---

① 《现代汉语词典》，商务印书馆1997年版，第437页。

② 参见陈明灿：《土地征收》，台北，新学林出版股份有限公司2013年版，第29页。

③ 参见陈明灿：《土地征收》，台北，新学林出版股份有限公司2013年版，第29页。

译“material benefits”“well-being”“welfare”）是指“生活上的利益”。这种“生活”范畴较大，包括生活、学习、教育、医疗等与人类生存活动相关的活动。顾名思义，“公共福利”就是事关公众生活的利益，属于公共利益的一种。公共利益除公众生活利益外还包括公共政治利益、公共经济利益等。但在我目前现有的学术理论中，并没有针对两者进行严格区分，甚至将公共福利视为公共利益。从某种程度上讲，我国的土地征收较德国征收所执的要件标准要宽泛些，因为公共利益包括公共福利，公共利益属于公共福利的外延。

第四，与“公益事业”的区别。

从《公益事业捐赠法》所列公益事业范围来看，公益事业是指体现社会全体或大多数成员需要，关系到他们共同利益的社会事务。[①] 按照受益主体是否为全体公众，可将其分为纯公益事业和准公益事业，纯公益事业的受益主体是社会全体，准公益事业的受益主体是社会中不特定的大多数人。从公共物品角度来看，纯公益事业是涉及纯公共物品的事业，在公益事业中占少数，如气象、基础科学研究。准公益事业是涉及准公共物品的事业，在公益事业中占绝大多数，如教育、医疗、卫生。公益事业最大特点是公共性，具体表现为公众性、公用性、公益性等基本特征。[②] 公共利益具有整体性、社会性和共有性，整体性

① 参见周义程：《公共利益、公共事务和公共事业的概念界说》，载《南京社会科学》2007年第1期。

② 参见崔运武：《公共事业管理概论》，高等教育出版社2002年版，第14页。

说明公共利益代表社会公众的利益，社会性表现为普遍性、非排他性，共有性表现为受益均等，与公用性相一致。经比较，笔者认为公益事业所承载的就是公共利益，只不过公共利益与公益事业分属不同范畴概念。公共利益属于应然之主观无形概念，而公益事业属于实然之客观有形概念，因为“事业”较“利益”而言，更具有客观性。虽然分属不同范畴，但在与土地、建设用地搭配使用时，所指内容一致，即公共利益用地与公益事业用地都指公益用地。

所以，通过对公共利益的界定分析，虽然没有廓清公共利益的边界，但我们掌握了以公共利益特征为参考的判断标准。那就是满足整体性、社会性、共有性的本质特征，即受益主体为社会公众全体或不特定多数人（由此可分纯公共利益和准公共利益）；公共利益普遍性、非排他性地为社会公众均等共同享有。同时，通过对相关概念的界分，使我们知晓公共福利属于公共利益，公益事业是公共利益的载体，在公益用地语境下，公共利益即为“公益”的简称。

（二）“公益用地”的概念

1. 公益用地的法律规定

“公益用地”一词，是国家根据土地用途为分类基础，将土地按照利益性质划分为经营性用地和公益性质用地。经营性用地概念最早可追溯到 1999 年国务院办公厅《关于进一步加强土地转让管理严禁炒卖土地的通知》（以下简称《严禁炒卖土地的通知》），其中规定，“商业、旅游、娱乐和豪华住宅等经营性用地，原则上必须以招标、拍卖方式提供”。随后，2001 年国土资源部《划拨用地目录》提出“城市基础设施用地和公益事业用地”概念，2002 年国土资源部颁布的《招标拍卖挂牌出让国有土地使用权规定》(以下简称《招拍挂规定》)第 4 条强调，经营性用地必须以招标、拍卖或者挂牌出让方式出让。2007 年《土地利用现状分类》规定，土地利用类型中的商服用地、工矿仓储用地、住宅用地等都属于经营性用地。这虽是较早提出“经营性用地”“公益事业用地”概念，但均以部门规章等形式出现，其阶位性较低。

法律上的“公益性用地”用语间接出现在《土地管理法》第 54 条关于以划拨方式取得土地使用权的规定中。[①] 除此之外，截至目前，我国尚没有关于公益用地明确界定的法律。由于缺乏明确的公益性用地界定的法律依据和行政程序，经营性用地“搭便车”，致使征地范围过宽等问题的出现，损害了农民集体权益，同时也造成了土地资源浪费。关于界定公益用地，缩小征地范围的热议甚嚣尘上，国家从十七届三中全会以来也十分重视强调对于公益用地的界定和限制。

那么，什么是公益用地，公益用地的边界范围是什么？是我们必须面对和解决的问题。现有的法律法规没有明确的界定，由此引起了学界对于其概念界定和范围的争议。

---

① 《土地管理法》第 54 条规定：“建设单位使用国有土地，应当以出让等有偿使用方式取得；但是，下列建设用地，经县级以上人民政府依法批准，可以以划拨方式取得：(一)国家机关用地和军事用地；(二)城市基础设施用地和公益事业用地；(三)国家重点扶持的能源、交通、水利等基础设施用地；(四)法律、行政法规规定的其他用地。”这是对《划拨用地目录》的法律确认。

2. 公益用地的界定理论

与实践中界定困难和定义模糊一样，学界对公益性用地的判别一直是土地相关领域的研究热点，关于公益用地的解释与界定莫衷一是。

第一，非营利说。

2001年国土资源部发布的《划拨用地目录》以列举的方式指出了划拨供地的范围，公益事业用地和公共设施用地分两部分：营利性的应当以有偿方式提供土地；非营利性的继续以划拨方式提供土地。理论上通常认为，公益用地有两个核心的特征：其一是非营利性；其二是公益用地使用权不得转让、出租、抵押或用于其他形式的交易。[①]由此，学者们根据用地单位是否具有营利性质来界分公益单位及公益用地。

陈莹、谭术魁等指出，应按用地项目是否以营利为目划分公益性和非公益性。与谭术魁等所论相反，钟京涛在谈到公益事业供地制度问题时，认为划拨供地方式是国家对公益事业的一项重要扶持措施，不能因为某一设施能够营利，国家就可以不扶持。[②]朱青、高慧与钟京涛观点一致，提出“是否营利”不能成为国家扶持的唯一依据。公共事业用地是一个整体概念，营利的标准难以确定，营利与否是市场对某一行为的动态的价值反馈，受诸多因素的影响。如果单纯按照投资主体和经营主体

① 参见郭洁：《集体建设用地使用权流转市场法律规制的实证研究》，法律出版社2013年版，第169页。

② 参见钟京涛：《我国公益事业供地制度探讨》，载《国土资源》2002年第2期。

来确定是否营利，显然是不全面的。[①] 郭洁教授通过公益用地常规理论特征入手，剖析认为随着市场机制逐步确立，公益事业的经营打破了公有公营的传统模式，出现公有私营和私有私营的两个变化。在此情形下，投资者必然要求回报，公益用地成为营利的对象在所难免，非营利不再是判定公益用地的标准。[②] 与郭教授观点相似，高志宏认为公益和非公益是应严格区分的，是否营利应是区分的关键，并从定义角度阐明公共利益的非营利性是指作为公共利益的提供者不能从中赚取利益，并不意味着公共利益排除了经营性行为。[③] 笔者赞同郭洁教授和高志宏先生的观点，经济上的经营行为与法律上的营利行为是不同的概念，营利目的的土地经营行为属纯粹的私人行为。公益主体也可以有经营行为，公益目的征收土地并非排除土地的经营行为。

从以上论述可知，公益用地“非营利观”所指的公益用地是狭义的纯公益用地，而“营利观”所指的公益用地则包括准公益用地和纯公益用地，实质争议在于“准公益用地”上，非营利并不能单独界定是否是公益用地，要清楚划分并非易事。按照《土地管理法》《划拨用地目录》的规定，公共设施用地和公益事业用地主要指城市公共基础设施用地和非营利性公共设施用

① 参见朱青、高慧：《关于公共事业用地供给方式的思考》，载《地域研究与开发》2004 年第 4 期。

② 参见郭洁：《集体建设用地使用权流转市场法律规制的实证研究》，法律出版社 2013 年版，第 169~170 页。

③ 参见高志宏：《公共利益的非营利性研究——以公共利益与商业利益的关系为视角》，载《法治研究》2012 年第 4 期。

地。显然《土地管理法》和《划拨用地目录》规定的公益用地是按照土地上所承载的行业和事业的类别确定的，而如今政府部门公益事业划分是按照是否营利来划分的。计划经济体制下，这些项目由国家公有公营，完全是福利性的、非营利的。但在市场环境下，随着政府职能加快转变，公益事业的资本投入多元化背景下，重新审视"公益性不能盈利或者非经营"的传统观念显得非常必要。投资主体具有营利动机，多元化导致了公益事业出现了公有私营和私有私营的市场化运作，但是国家政府作为公益事业的提供者绝不能存在营利性行为。公有私营，政府部门一改过去单纯的统一经营管理的格局，开始运用市场机制运营基础设施及公益事业。如高速公路有独特的公用事业特征，是社会经济发展不可缺少的基础设施，属于公共产品，带有明显公益性质，大多数情况下是由政府无偿提供。其性质归属公共基础设施和公益事业用地类，其运营并非不经营，但是目的非营利。私有私营完全按照市场运作，由私人提供公共产品，如私人投资公路、桥梁、医院、学校等事业用地。非国有资本和非国营方式的介入，由于投资回报的必然要求，营利在所难免。所以在现今市场经济条件下，公益用地"非营利"界定标准有待商榷。

经营性建设用地是以营利为目的的，但并不是所有营利的建设用地都归为经营性建设用地。公益用地具有整体性。随着经济发展以及土地利用程度提高，土地用途不再是单一的，而是复合型的。[①] 机关、学校等公益事业用地也会存在经营性用地，能源、水利等产业用地往往也是综合用地，基础设施用地和公益事业用地上也可能有经营行为，如为保障方便生活，保障性住房用地配建商业设施。农业水利设施用地可作旅游观光之用。土地用途不是静态、单一的，而是动态、复合的。换言之，用于公益建设目的的建设用地，并不排斥营利行为。所以，不能简单地以项目性质来确定是否为公益用地。

第二，公共利益目的说。

公益用地是保证城市存在和发展不可或缺的物质载体，担负着承载城市各种活动，为社会利益服务，包含促进社会平等、增进公众福利和引导城市可持续发展的多重目标。公益性建设用地是指以公共利益为目的，建造建筑物、构筑物的公益事业和公共设施用地。以公共利益为目的，是公益性建设用地的突出特征。一般认为，这类用地主要包括公共设施用地、公共建筑用地、交通运输用地、水利设施用地、军事设施和特殊用地等。[②]

如上所述，无论投资主体标准，还是非营利标准，都不能作为公益用地的内涵界定标准。所以无论是《划拨用地目录》采用的按照非营利的标准确定公益用地，还是《土地管理法》规定的按照土地上所承载的行业或者事业的类别的标准确定公益用

---

① 参见郭洁:《集体建设用地使用权流转市场法律规制的实证研究》，法律出版社 2013 年版，第 171 页。

② 参见汪新胜、汪进元:《公益性建设用地与经营性建设用地的界分及其法律化》，载《江汉大学学报》(社会科学版) 2011 年第 1 期。

地是行不通的，都没有抓住公益用地的本质标准。公益用地的根本在于使不特定的社区成员集体受益，具有公共利益的可还原性。因此，公益用地的本质在于土地所承载的功能服务不特定成员的共同利益，目的在于增进社会福祉。[①]“公共利益说”道出了公益用地的本质，并且将承载公共利益的用地以列举的方式说明其范围，虽说范围不尽一致，但大体都能体现公共利益。之所以不一致，是因为列举缺乏灵活性。

3. 公益用地的规定性要求

为探讨公益用地的真正含义，笔者认为除了传统的对公益用地的界定标准外，还应参考公共利益本质内涵以及公益用地的公共产品属性。

如前所述，公共利益本质在于其社会性、整体性，受益主体具有不特定多数人的共用性、均等性等，实际上这与在经济法上所表现出来的就是社会本位原则和经济公平原则相应。亦即在国家利益、社会利益、个人利益上，不能一味追求自身利益的最大化而忽视对社会公共利益的关注。表现出的竞争公平、分配公平、正当差别待遇情况下的结果公平。[②]所以，从此角度来讲，公益用地充分显示出公共利益的内涵，是为不特定的多数社会主体所受益的物质形态，是经济法所调整范畴之物。

公益用地是公共利益在土地上的外在物质表现，是公共利益的物质载体，亦即公共产品，具有公共产品的非竞

① 参见郭洁：《集体建设用地使用权流转市场法律规制的实证研究》，法律出版社 2013 年版，第 171 页。

② 参见李昌麒：《经济法学》，法律出版社 2008 年版，第 80~82 页。

争性（non-rivalness in consumption）、非排他性（non-excludability）本质特征。[①] 为公共利益服务，承担促进社会平等、增进公众福利和提高经济运行效率等多重任务。[②] 基于这样的特性公益用地通过划拨供应，生产来源采用征收、征用、收回等方式取得。与公共产品分为纯公共产品和准公共产品一样，公益用地可分为纯公益用地和准公益用地。所以，从此角度来说，公益用地充分表露出其公共产品的属性，是由政府职责义务提供的公共产品，受市场和政府双重调节的同时又要防范双重失灵的公共物品，是受经济法规范的目标之物。

国外大致采用概括规定、列举规定和概括加列举规定的立法方式界定公益用地。作为典型的判例法国家，美国并没有明确在其联邦宪法中进行公共利益界定，一般情况下是通过判例来实现公共利益的概念界定。[③] 世界上采用列举式限定公共利益用地典型的国家的国家不在少数，如韩国、日本、印度、意大利、波兰、我国香港特别行政区等国家和地区都采用列举方式。我国台湾地区也基本采取了这一立法例，但在列举时采取开放

① 非竞争性（non-rivalness in consumption）是指，在一定区域范围内，任何人对公益用地（所建项目）的享用（消费）都不会减少或妨碍其他人对此项目的享用，而且新增享用（消费）行为的边际成本为零。非排他性（non-excludability）是指，在技术上难以把不付费的人排除在外、使之无法享用和受益，或者虽然技术上可以排除、但排除的成本过于高昂。

② 参见汪新胜、汪进元：《公益性建设用地与经营性建设用地的界分及其法律化》，载《江汉大学学报》（社会科学版）2011 年第 1 期。

③ Nicole Stelle Garnett, "The Public-Use Question as A Takings Problem", *The George Washington Law Review*, Vol.71, No.6 (2003), p.934.

的立法态度，设有兜底条款。[①]但是各种界定方式不同程度存在不足之处，概括式的规定具有抽象性，容易被扩大，列举的方式不能穷尽公共利益的种类和范围，并且其具有因社会发展而不断变更的特征。所以有的研究人员提出概括加列举式的立法方式。[②]有人基于类型化存在不周延、不完全的固有缺陷，从列举法缺乏灵活性角度出发，提出列举和排除规定方式。也就是说，除了正面列举之外，法律还可以通过采用反面排除的方式，对不属于公共利益的情形予以直接排除，从而降低公共利益概念的不确定性。[③]亦有研究者提出在概括与列举的基础上，再设条款将不属于公共利益范围的项目予以排除。[④]笔者认为概括、列举加排除的设定方式相对可行，基于公共利益的发展变化性，概括性的规定可以避免因发展而疏漏对公共利益的规定，虽然列举方式不能穷尽公共利益的范围，但列举至少为明确公共利

---

① 我国台湾地区“土地征收条例”第 3 条（征收私有土地兴办事业之种类）规定，“国家因公益需要，兴办下列各款事业，得征收私有土地；征收之范围，应以其事业所必须者为限：一、国防事业。二、交通事业。三、公用事业。四、水利事业。五、公共卫生及环境保护事业。六、政府机关、地方自治机关及其它公共建筑。七、教育、学术及文化事业。八、社会福利事业。九、国营事业。十、其他依法得征收土地之事业。第 4 条（区段征收）规定，有下列各款情形之一者，得为区段征收：一、新设都市地区之全部或一部，实施开发建设者。二、旧都市地区为公共安全、卫生、交通之需要或促进土地之合理使用实施更新者。三、都市土地之农业区、保护区变更为建筑用地或工业区变更为住宅区、商业区者。四、非都市土地实施开发建设者。五、农村小区为加强公共设施、改善公共卫生之需要或配合农业发展之规划实施更新者。六、其他依法得为区段征收者”。

② 参见付铎、洪小潞：《土地征收视野下的公共利益法律界定研究》，载《国家行政学院学报》2009 年第 6 期。

③ 参见刘国臻：《论我国土地征收公共利益目的之边界》，载《中国行政与管理》2010 年第 9 期。

④ 参见李超峰：《土地征收中公共利益的界定探索》，载《商业时代》2011 年第 31 期。

益提供参照模型，再加上明显的非公共利益排除示范，可以实现对公共利益范围的明确界定和把握。

综上，笔者认为，公益用地作为公共产品的非竞争性、非排他性的内在属性，容易产生“搭便车”等负外部性“市场失灵”等问题，私有产权履行和维护成本过高，所以应当由政府作为提供义务主体。作为公共产品，公益用地应由不特定社会公众均等享有。公益用地维护公共利益目的、促进社会公共福利的同时还肩负促进经济效率功能[①]。因此，公益用地的概念内涵应具有多元化的内容特征。所以，综和各方面因素，笔者做出定义：公益用地，即由国家或政府提供的，以公共利益为目的，增进公共福利，提高经济运行效率的，为社会不特定多数公众所公平受益的，受经济法所调整的公益事业和公共设施等用地。

笔者认为除了给公益用地进行概括描述外，还应确定其种类范围。也就是说采用定义式概括说明，列举式确定公益用地范围，用明显的非公益的排除方式来界定公益用地。为与《划拨用地目录》、《城市房地产管理法》和《土地管理法》所列划拨用地范围保持一致，公益用地应包括公共基础设施和公益事业用地。[②]

① 美国判例对于公共利益的判断从“公共使用”到“公共福利”的外延式扩大解释，将直接促进经济社会发展的城市改造视为“公共福利”。这一做法的根据在于公共利益所具的社会共享性，国家对城市改造所带来的经济发展，势必使社会不特定多数人直接享受公共利益。

② 《土地管理法》第54条和《城市房地产管理法》第24条规定，下列建设用地，确属必需的，经县级以上人民政府依法批准，可以以划拨方式取得：(一)国家机关用地和军事用地；(二)城市基础设施用地和公益事业用地；(三)国家重点扶持的能源、交通、水利等基础设施用地；(四)法律、行政法规规定的其他用地。

根据公益用地的服务公共利益及受益范围和营利情况，应将公益用地划分为纯公益用地和准公益用地两种，将非公共利益的经营性用地排除在外。[①]纯公益用地是纯公共利益用途用地项目，不以追求经济效益、营利为目的，而是追求社会效益和生态效益的最大化。如军事用地、国家机关、文教卫生、生态用地[②]等具有非营利性质的纯公益项目用地。准公益用地是具有排他性和非竞争性的准公共利益用途公共产品，看似具有营利性，但部分营利所得用来回馈社会，符合"公共利益"定义下具明显的营利性质的项目用地，如机场、码头、高速公路、医院、能源等用地或者用于公共事业用途如饮用水、排污系统、电力、通信、燃气、排灌工程等用地。而对于纯商业利益的经营性的项目用地则应归为经营性用地。

二、公益用地的法律特征

公益用地蕴含了公共利益内容，具有公共利益所具有的承继下来的特征，作为公共产品之一兼具公共产品的特质，同时作为客观的物质载体又具有自身独有的特征。

---

① 新古典经济学依据非竞争性、非排他性的表现，将公共品分为三类：纯公共品（同时具备非竞争性和非排他性）、俱乐部物品（仅具备非竞争性）和公共资源（仅具备非排他性），后两者又统称为准公共品。

② 唐双娥、郑太福认为："湿地""生态用地"等有些用途的土地并未被明确作为独立的地类，不能自然地作为公益性用地。因此，应完善《土地利用现状分类》下的一级土地利用类型，明确公益性用地的范围及其层次性。应作为公益性生态用地的土地包括：一级地类"林地"中的生态林地、森林类型的自然保护区土地；"草地"中的生态草地；"公共管理与公共服务用地"中的"公园与绿地""风景名胜用地"等。参见唐双娥、郑太福：《法学视角下我国土地分类之完善》，载《湖南师范大学社会科学学报》2011年第6期。

（一）公益用地的公物属性

公益用地与公共产品的效用不可分性、非竞争性与非排他性特征具有一致性，本质属性是公共产品和准公共产品，不是私属产品，为公众所使用和受益，由此具有公共产品的外部性（externality）明显特征，具有非竞争性和非排他性为显性特征的公物属性。比如绿地、广场是市民休闲娱乐的场所。公物属性同时也是公共利益所具有的固有属性，所以公益用地首先具有的就是公物属性特征。基于公益用地的公物属性特征，公益用地使用权的设置在制度价值上是为了保障公共利益所需，具有公法属性。作为具有公物属性的公共产品，公益用地也理所当然由国家作为提供主体，提供公益用地是国家的义务和职责。

（二）公益用地的法定性

公益用地的法定性表现为公益用地的确定和权属的取得依照法定的程序进行。《土地管理法》对公益设施、公益用地的审批程序和用地标准作出了明确规定，包括了使用的目的保障和用途保障。[①] 因此，在解释学上分析，公共设施用地、公益事业用地不得进入流转市场，其财产属性类似于公用物，不得由私人取得权利而蜕变为普通民事客体。[②]

---

① 《土地管理法》第61条规定，乡村公共设施、公益事业符合土地利用总体规划，经过批准可以使用农村的土地。需要使用土地的集体经济组织，经乡（镇）人民政府审核，向县以上地方人民政府土地行政主管部门提出申请，按照省、自治区、直辖市规定的批准权限，由县级以上地方人民政府批准后，经集体经济组织拨付，用地申请人取得乡村公益用地使用权。

② 参见郭洁：《集体建设用地使用权流转市场法律规制的实证研究》，法律出版社2013年版，第169页。

（三）代表主体的普遍性

由于公益用地具有公物属性，代表公共利益，受益主体具有不特定性，亦即公共利益的代表主体是不特定的社会公众，具有普遍性。这是因为公共利益具有共享性，而使享有公共利益的是不特定的大多数人。也源起于公共产品的非竞争性和非排他性，为社会公众所同时享有。它不是为个人或者特定多数人服务的，其公共性具体表现为地域的广泛性和受益对象的广泛性。[①]

（四）价值位阶的优先性

公益用地作为满足公共需求的公共产品，所以在价值位阶上优于普通建设用地，在建设时序和供应上具有优先性。在世界各国，当个人利益与公共利益发生冲突时，私权利应作出“特别牺牲”，让位于公权力。当然，因为公权力对私权利所形成的影响抑或规制，要作出相应的赔偿或补偿。也正因为公共利益优先，所以世界各国大多是以征收方式强制取得公益用地。但征收也并非唯一优先取得方式，国外立法例通常设置协议价购、优先购买等制度。[②]但不管是采用哪种方式，公益用地取得应是优先经营性用地的。

（五）公益内容的发展性

公权力介入私人领域的情形和正当性理由具有多样性、变

① 参见陈佳骊：《城市公益性用地问题初探》，浙江大学2004年硕士学位论文，第35页。

② 参见黄志斌、印通：《土地征收视野下“公共利益”之探讨》，载《时代法学》2013年第2期。

动性，决定了公共利益是一个开放性、不断变动的概念。因为“公共利益”是一个不确定的、发展性的概念名词，所以公益用地的公益内容也具有发展性的内涵特征。有些项目用地彼时属于公益用地，而此时由于经济社会的发展不属于公益用地，逐渐排除出公益用地范畴。比如高速公路、铁路、医院、学校、公园用地原属于纯公益用地，公有公营，完全属于福利性非营利性的。但随着投资主体多元的市场运作深入，逐渐出现公有私营以及私有私营的局面，从而用地性质也从纯公益用地向准公益用地以及经营性用地转变。国土资源部已经确定开始推行经营性基础设施用地有偿使用制度，此前，基础设施用地基本为划拨使用。这也是对三中全会决定提出的缩小征地范围、减少非公益性用地划拨的回应。[①] 有些项目用地彼时属于非公益经营性用地，而此时由于经济社会的发展而成为准公益用地直至公益用地。比如，我国香港特别行政区为改善居民住房条件而进行的“官地收回”取得的土地，美国为实行旧城改造、振兴“凋敝衰败”地区而强制购买方式取得的土地，都被赋予公共利益的内涵而成为公益用地。[②] 也就是说，公益用地的公益内容随着经济社会的发展而有所变化和发展。从此种意义上讲，公益

① 国土部《经营性基础设施用地将有偿使用》，载 http://news.qq.com/a/20131115/015698.htm，最后访问日期：2013 年 11 月 15 日。

② “凯洛诉新伦敦市”“伯尔曼诉帕克案”是解决极端贫困所带来的房屋破败，“夏威夷房屋管理局诉米德基夫案”是解决财富集中带来的土地垄断，但它们都直接服务于公共目的，征收所得之地被认为是公益用地。See Kelo v.City of New London, 545 U.S.469(2005).Berman v.Parker, 348 U.S.26(1954).Hawaii Housing Authority v.Midkiff, 467 U.S.229(1984).

内容的发展性也是区分公益用地与经营性用地，纯公益用地和准公益用地的标准。

（六）公益结构的层次性

公益用地类型众多，在公共决策和立法的利益平衡中并非权重均等，公益用地结构存在层次之分。按照对公共利益需求程度及紧迫性程度以及土地的自然性特征的依赖程度，公益用地取得的制度安排上具有层次性。从公共利益需求程度和紧迫性上讲，国家、社会与个人应按序区分利益层面。从对土地的自然特征依赖程度讲，生态利益高于社会利益、经济利益。参照《全国土地利用总体规划纲要（2006~2020 年）》所确定的指导原则与目标任务，笔者认为国防军事用地为第一层次公益用地，生态、能源、水利用地为第二层次公益用地，公益事业、交通、保障性用地为第三层次公益用地。

三、公益用地的判断标准

因为公益用地所含“公共利益”是一个不确定之概念，所以采用概括或列举以及排除方式界定“公益用地”也未免周延，故而如何建构一套可资操作的系统的判断标准，则更为重要。

（一）实体判断标准

公益用地的实体判断标准就是根据法定公益用地的界定方式而进行直接或间接的设定与判断。

直接设定是指根据法律法规具体直接规定公共利益的概念、范围等内容进行微观层面的判断，具体包括三种形式：概括、列举和排除。如前所述，笔者认为，概括、列举加排除判断方式更能科学判断公益用地，基于公共利益的发展变化性，概括性的规定可以避免因发展而疏漏对公共利益的规定，虽然列举方式不能穷尽公益用地的范围，但列举至少为明确公益用地提供可资参照的模型，再加上对明显的非公共利益的经营性用地排除示范，可以实现对公益用地范围的明确判断和把握。间接设定就是给行政司法机关设定公共利益宏观上的判断标准，这些标准往往是对公益用地特征的概括把握。我国学者莫于川在理解和运用“公共利益”时坚持合法合理性、公共受益性、公平补偿性、公开参与性、权力制约性、责权统一性六条标准。[①]袁曙宏教指出，正确界定“公共利益”应当遵循四项基本标准：公共、合理、正当、公平，应当坚持直接与间接设定结合、实体与程序并重、授权与控权并重。[②]

笔者认为，直接设定从微观具体层面具体界定了公共利益，间接设定为公共利益界定提供了原则性指导，两者结合可使公共利益界定更加科学化。所以笔者认为袁教授所说的坚持直接、间接设定相结合、实体与程序并重、授权与控权并行的原则非常周延，但其提出的四项标准较莫教授的六条标准缺乏全面性。所以对公益用地的判断应当坚持如上述笔者对公益用地的特征描述，直接设定与间接设定相结合，参照袁教授和莫教

① 参见莫于川：《判断“公共利益”的六条标准》，载 http://www.calaw.cn/article/default.asp? id=2750，最后访问日期：2017 年 12 月 24 日。

② 参见王达：《房屋征收拆迁中公共利益的界定》，载《中国房地产》2009 年第 5 期。

授的标准进行综合实体判断。

（二）程序认定标准

在法治的环境下，实体判断只是提供了一个可以参照的模型和样板，更为重要的应是基于正当的程序所形成的对于公益用地的程序判断。除了在实体上直接和间接设定判断公益用地，还要建立对公益用地进行审查的科学机制和合理标准。判断程序上包括听证评判制度、公示与说明公益性事由制度、土地原权利人质疑制度、法院综合审查制度等制度程序。以信息公开、公众参与、权利人权利主张、第三方监督等方式，实现公益用地真正成为“公共利益”的承载与代表。关于公益用地的判断，应当着眼于支撑着公益用地应然性界定的实然性判断，应当考虑公益用地界定兼顾程序化和技术化的判断模式。

四、我国公益用地的范围

（一）推定的概括性范围

我国《宪法》第 10 条、《土地管理法》第 2 条规定国家为了公共利益的需要，可以征收或者征用土地，第 58 条规定为公共利益需要使用土地的，可以收回国有土地使用权，《征补条例》第 2 条规定了公益征收，《物权法》第 42 条对土地征收和公益征收同时进行规定，这些法条虽然没有明确公益用地范围，但至少从实体法概括性角度讲有一个笼统的“公共利益”规定。

《土地管理法》第 54 条[①]、《城市房地产管理法》第 24 条[②]规定对“公益用地”字样虽未明确道明，实际上从逻辑判断角度来说，规定所列举的划拨用地范围即为公益用地范围。土地使用权是土地利用制度在法律上的体现，就与所有权的关系来说，土地利用制度可分为土地所有权与使用权结合或分离两种类型制度。公益用地取得实际上是土地所有权与使用权相结合的过程，土地使用权由私权主体向公权主体让渡的过程；而土地划拨供给属于土地所有权与使用权再分离的过程，土地使用权由政府代表国家配置给公益单位使用的过程。按照公共产品产出、供给理论来说，公益用地取得是公共产品的生产过程，而土地划拨则是公共产品的提供过程。可以说，通过对公益用地取得和土地划拨两个过程的比对，我们自然可以得出，公益用地取得和土地划拨共同指向的对象都是公益用地，只不过是公益用地产出和供给的不同环节的行为过程，公益用地取得属于公益用地的生产过程，土地划拨是公益用地的供给过程。所以，从此意义上讲，如前所述，笔者认为，公益用地的范围与划拨土地的范围应具有一致性。依此推理，2001 年国土部颁发的《划

① 《土地管理法》第 54 条规定：“建设单位使用国有土地，应当以出让等有偿使用方式取得；但是，下列建设用地，经县级以上人民政府依法批准，可以以划拨方式取得：（一）国家机关用地和军事用地；（二）城市基础设施用地和公益事业用地；（三）国家重点扶持的能源、交通、水利等基础设施用地；（四）法律、行政法规规定的其他用地。”

② 《城市房地产管理法》第 24 条规定：“下列建设用地的土地使用权，确属必需的，可以由县级以上人民政府依法批准划拨：（一）国家机关用地和军事用地；（二）城市基础设施用地和公益事业用地；（三）国家重点扶持的能源、交通、水利等项目用地；（四）法律、行政法规规定的其他用地。”

拨用地目录》即公益用地范围的列举规定。《征补条例》第 8 条所列举的公益用地的范围外延要大于《划拨用地目录》的范围，这也是和公益用地的发展性特征相联系的。[①] 比如，将旧城区改建、保障性安居工程建设列入公益用地范围即是因为当前中国经济社会发展和改革的需要。因此，《征补条例》第 9 条进而提出"保障性安居工程建设、旧城区改建，应当纳入市、县级国民经济和社会发展年度计划"。因为公益用地包括国有化公益用地和乡（镇）村公益用地，所以按照《土地管理法》第 61 条和第 65 条的规定，还应包括乡（镇）村公益设施和公益事业用地。《土地管理法》规定，乡村公共设施和公益设施用地主要指乡村行政办公、文化科学、医疗卫生、教育设施、生产服务和公用事业等用地。[②]

（二）法定的类型化范围

"公益用地"一词也是近年的提法，与公益用地相对应的"经营性用地"概念最早出现在 1999 年国务院办公厅《严禁炒

① 《国有土地上房屋征收与补偿条例》第 8 条规定："为了保障国家安全、促进国民经济和社会发展等公共利益的需要，有下列情形之一，确需征收房屋的，由市、县级人民政府作出房屋征收决定：（一）国防和外交的需要；（二）由政府组织实施的能源、交通、水利等基础设施建设的需要；（三）由政府组织实施的科技、教育、文化、卫生、体育、环境和资源保护、防灾减灾、文物保护、社会福利、市政公用等公共事业的需要；（四）由政府组织实施的保障性安居工程建设的需要；（五）由政府依照城乡规划法有关规定组织实施的对危房集中、基础设施落后等地段进行旧城区改建的需要；（六）法律、行政法规规定的其他公共利益的需要。"

② 参见郭洁：《集体建设用地使用权流转市场法律规制的实证研究》，法律出版社 2013 年版，第 3 页。

卖土地的通知》中。[①] 2002 年《招拍挂规定》强化了经营性用地的供地方式，[②] 从另一个角度讲，这也是对“公益用地”的确认。将经营性用地可概括地描述为“经营性用地是指用于或者可以用于工、商、农、服务等营业目的的土地”。也就意味着法定类型化的公益用地范围包括工、商、农、服务等营业目的的土地以外的土地。

我国 2007 年《土地利用现状分类》的土地分类依照三项标准，[③] 但从法律意义上讲，主要按土地的用途和利益性质两个标准进行分类。按照用途，土地被分为“农用地、建设用地和未利用土地”；[④] 依土地利益的性质，土地被分为“公益性用地和经营性用地”。虽然在土地分类目录中没有明确“公益性用地”抑或“经营性用地”字样，但对于分类依据的标准和贯穿的主线却是土地利益的“公益性”或“经营性”的性质。

《土地利用现状分类》国家标准采用一级、二级两个层次的分类体系，其中一级类中的商服、工矿仓储、住宅用地等都明确属于经营性用地。耕地、园地、林地、草地大部分属于农用地，

① 《关于进一步加强土地转让管理严禁炒卖土地的通知》规定：商业、旅游、娱乐和豪华住宅等经营性用地，原则上必须以招标、拍卖方式提供。

② 《招标拍卖挂牌出让国有土地使用权规定》第 4 条规定：经营性用地必须以招标、拍卖或者挂牌出让方式出让。

③ 《我国土地分类确立国家标准 共有 12 个一级类别》，载《人民日报》2007 年 9 月 4 日。

④ 我国土地虽然历经三次分类，但基本上一直承继《土地管理法》和 2001 年的《土地分类》（试行）中的基本分类精神。虽然《土地利用现状分类》分为 12 个一级类，但基本上还是按照农用地、建设用地、未利用地三种分类划分的。

其中少部分具有生态功能的草地、林地、湿地属于公益用地。[①]除少部分新闻出版、港口码头、机场属于经营性用地外，大部分的公共管理服务用地等属于公益用地。

第二节　公益用地取得方式的法律关系解析

如同公益用地概念一样，公益用地取得方式目前在我国尚无成形定义。笔者认为，要给公益用地取得方式下一个准确的定义，应根据土地利用制度，从其法律关系构成进行解析，辨明公益用地取得主体，理顺公益用地的权利内容，分析公益用地取得行为性质，认清土地交易价格的实质，结合公益用地取得方式种类的实例，对公益用地取得方式的概念进行定义。

一、公益用地取得的主体

公益用地取得主体就是在土地取得行为过程中，公益用地取得行为两端所连接的、享有权利和承担义务的双方当事人。按照取得与转让土地的角色，可将当事双方取名为公益用地取得人和原土地权利人。在强制性取得方式中，表现为行政主体与相对人的不平等的法律地位关系，如征收人与被征收人；在市场取得方式中，表现为买方和卖方的平等法律地位关系。

（一）公益用地取得人

公益用地取得人，也可称为公益用地取得的责任主体抑或

---

① 2000年《全国生态环境保护纲要》提出了生态用地的概念和保护，2011年《国有土地上房屋征收与补偿条例》将环境和资源保护列举为公共利益，并且按照《信托法》第60条将“发展环境保护事业，维护生态环境”列为公共利益目的之一，所以生态用地应归属于公益用地。

生产主体，是指有权发动和实施公益用地取得行为的主体，亦即有责任义务生产公益土地的单位或者个人。由于取得公益土地通常是取得土地权利，因此，生产主体应当是直接从原土地的拥有者或使用者手中取得土地而获得相关权利，实现公共利益建设所需土地的人。一般情况下由国家行使完成，但国家是一个虚化的概念，所以往往授权给政府。作为公共产品的生产者必须是能够作出决策的独立的主体，随着政府垄断公共产品的地位被打破，公共产品的生产主体呈现出政府、企业和个人并存的局面。因企业和个人都具有私权性，实际上只有两个主体即政府和市场。公益用地的生产主体理论上存在政府和市场两个主体，那么如何选择公益用地的生产者，要取决于公益用地的非竞争性和非排他性的程度以及谁在生产这种公共产品过程中更具有效率。[①]公益用地分为纯公益用地和准公益用地，纯公益用地属于纯公共产品，具备完全的非竞争性和非排他性、唯一性，只有政府通过公共权力的强制性，利用掌握的土地资源来产生公益用地才更有效率。对于准公益用地作为准公共产品，具有不完全的非竞争性和不完全的非排他性，政府的主要角色本应该是提供者或安排者而非生产者。此时政府应引入竞争机制，重点做好对市场的监管。但对于土地这一特殊的公共产品来说，公益用地土地所有权归国家，市场力量不愿、也很少介入，无法生产公益用地。再者，市场生产、提供公共产品具有天生的外部性失灵缺陷。即使有市

① 参见李成武：《公共产品提供和生产的理论分析及其启示》，载《财政研究》2003 年第 3 期。

场主体生产准公益用地，也是在政府作为责任主体的情况下进行，所以国家依然保持生产公益用地的主体地位。[①] 如果市场主体成为公益用地的生产主体的话，不免会有重蹈市场失灵、“公地悲剧”的覆辙。所以，从另一个角度讲，不管是纯公益用地还是准公益用地，公益用地取得人应以政府为责任主体。

作为需求土地的用地者不能成为公益用地取得人。一般情况下，公益用地单位是兴办公益事业的单位，虽然这些团体、组织、单位属于公益性质，但从其法律交易关系性质上看依然属于“私人”，私人原则上拥有的权利是私权，因而其与公益用地取得国家权力的主权性权力相悖。公益用地取得行为是一个包括强制性公权力方式和调柔性市场方式等多种行为为集合的综合性行为。因为有公权的内容，故而应由行使主权的国家授权给政府行使。因此，公益用地取得人不能是公益用地单位，其只能作为公益用地的申请主体向国家提出申请，由国家或国家授权的政府行使。我国《宪法》第 10 条第 3 款规定：“国家为了公共利益的需要，可以依照法律规定对土地实行征收或者征用并给予补偿。”可以看出，公益用地取得人的“国家”地位不言自明。[②]

（二）原土地权利人

原土地权利人也被称为让渡土地权利人，是指因公共利益建设而让渡给政府土地所有权和相关权利的原土地所有权人及

① 诚然，不排除有私人市场主体在利他的情况下会生产公益用地，如私人为修公益桥梁、为非营利性福利院而出资购买捐献的土地，但此种案例实属个案，不具有普遍性。

② 因为国家需授权给政府作为公益用地取得的权利人，实践中政府常作为原土地权利人的相对人出现，为行文方便笔者直接将“政府”作为取得权利人称谓。

其关系人。

让渡土地权利的所有权人，因土地所有制不同而有所差异，可以是个人、私法人，也可以是公法人。在国外，大多数国家实行土地私有制，因此原土地所有权人一般为个人；但在我国实行土地公有，即国家所有和集体所有，所以原土地权利人实为国家和集体经济组织。表面上城市房屋所占土地属于个人，但实际上私人仅对地上房屋等附着物享有所有权，而对土地仅有使用权。在农村，集体经济组织的土地所有权归属集体，集体经济组织成员仅享有土地使用权和地上房屋及青苗的所有权。所以，不管是城市还是农村，都存在土地所有权人和地上附着物所有权人不一致的情况，这就导致在城市，政府可以因取得房屋等附着物而附随取得土地，在农村政府因取得土地而附随取得附着物，而两种附随均少有补偿或无补偿。

让渡土地权利关系人是指因土地作为公益建设被政府取得过程中受到损失，可参与取得程序并提出权利主张的第三人。我国台湾地区土地征收中的关系人是指被征收土地或其土地的改良物有权利的人及该土地毗邻土地所有权人。[①] 所以一般而

---

① 我国台湾地区"土地征收条例"第 5 条（土地改良物不予征收之情形）规定："征收土地时，其土地改良物应一并征收。但有下列情形之一者，不在此限：一、土地改良物所有权人要求取回，并自公告期满之日起十五日内自行迁移者。二、坟墓及其它纪念物必须迁移者。三、建筑改良物依法令规定不得建造者。四、农作改良物之种类或数量与正常种植情形不相当者，其不相当部分。"第 8 条（一并征收之要件、程序及期限）规定："有下列各款情形之一者，所有权人得于征收公告之日起一年内向该管直辖市或县（市）主管机关申请一并征收，逾期不予受理：一、征收土地之残余部分面积过小或形势不整，致不能为相当之使用者。二、征收建筑改良物之残余部分不能为相当之使用者。前项申请，应以书面为之。于补偿费发给完竣前，得以书面撤回之。一并征收之土地或建筑改良物残余部分，应以现金补偿之。"

言，享有地上权、典权、永佃权、租赁权、耕作权以及改良物的限制物权及承租人等权利人均为关系人。当然，这也是广义上原土地权利人，但狭义的原土地权利人仅指原土地所有权人。笔者结合我国实际，原土地权利人的概念范畴包括狭义的原土地所有权人，也包括关系人中的直接相关的土地使用权人。但关系人范围不宜太宽泛，仅指土地上附着物所有权人或土地使用权人。具言之，包括城市房屋等附着物所有权人和土地使用权人，在农村包括房屋等地上附着物和土地承包经营权人、集体建设用地和宅基地使用权人。

二、公益用地取得的客体

（一）公益用地取得客体的内容

公益用地取得的客体即公益用地取得的权利内容一般情况下为土地的所有权，因为大多数国家地区的土地所有制为私有。除土地所有权外，地上权、永佃权、地役权等他物权也是公益用地取得的客体。由于物权制度规定不一，公益用地取得的客体也不尽一致。土地之上的他物权一般由所有权让渡和转移，他物权人和所有权人都处于原土地权利人地位，但也有他物权与所有权相分离的情况（见物权理论部分）。如我国台湾地区“土地征收条例”第 57 条关于因公益事业穿越私有土地时，要通过协议取得地上权，若协议不成则采用准征收取得。再如，美国近年来的立法，对于因公共工程需要取得公益用地时，要求尽量避免取得或征收土地所有权，转而取得土地的使用权或通过限制相关权利来实现公益目的。[①]在英国，土地为英王所有，因此公益用地取得的客体仅限他物权。而在我国则具体表现为土地的所有权以及因为所有权产生的使用权或其他物权。土地所有权包括国有土地和集体土地的所有权；使用权包括国有土地使用权、集体建设用地使用权、宅基地使用权；其他权利包括承包经营权、地上附着物所有权。

（二）公益用地取得客体的性质

截至目前，我国关于公益用地的权利性质法律归属尚没有明确的规定和相关的讨论。鉴于公益用地使用权法律归属没有可资参考，笔者试图探寻公益用地的等价概念。经分析发现，公益用地与划拨土地只是不同的土地利用环节的称谓，在权利内容上具有内在的一致性，划拨用地可以作为公益用地的等价物。取得与划拨是供给过程的两个环节，划拨是提供环节，取得是生产来源环节。我国物权体系包括所有权、用益物权和担保物权等，划拨土地的所有权归属国家，国家具有依法对物的完整权利，属于自物权范畴。土地公有制国家，国家根据公共利益的需要转移私人土地所有权收归国有，公益用地所有权归属国家毋庸置疑。因此，经划拨后的公益用地的所有权归国家，具有完整权利，属于自物权。但是，相对于划拨，公益用地取得却经历权属的变化，须经缜密分析。

① 参见《国外土地空间权利设立与管理概览》，载 http://www.mlr.gov.cn/wskt/glkx/tdgl/200712/t20071203_664552.htm，最后访问日期：2017 年 12 月 3 日。

第一，公益用地的所有权属于自物权。

因公共利益需要，政府意欲通过限制原土地权利人对其土地的自由处分权利，强制或协商其将相应所有权、使用权或其他权利向政府转移，包括集体土地所有权转移和国有土地、集体土地使用权和其他权利转移。由此，因原土地权利人丧失相应权利，而使政府获得相应的土地权利，财产权利实现了转移。

按照现代物权权能分离理论，公益用地取得是将原土地权利人土地所有权、他物权等物权转移给国家的过程。公益用地取得实质上是物权让渡、转移、限制的过程。但我国土地制度的特殊性在于，实行土地所有权公有制（国家或集体所有）制度，原土地权利人所享有的所有权只是基于国家所有权或集体所有权而生成的他物权，并非真正意义上的所有权。所以从这个角度来看，如果取得的土地原属国有土地，就是国有土地所有权以及国有土地所有权权能分离出来的使用权，对于土地国家所有权并未发生转移，原土地权利人转移的是国有土地使用权和相关财产权利，如征收房屋而获得的公益用地。若原属于集体所有，则属集体所有权权能的转移、限制或分离，集体土地所有权转移给国家或集体土地他物权转移，原土地权利人转移的是集体土地的使用权和相关地上财产权，如集体土地征收、征用。从世界上公益用地取得趋势来看，因为权属转移较权利限制更容易招致原土地权利人反对，非权属转移的取得方式日趋上升成为公益用地的取得方式，如公共地役权方式、租赁方式。所以，限制权属的方式取得的是土地的他物权。

第二，公益用地的使用权属于用益物权。

对于公益用地所有权法律性质的判断相对来讲比较简单，但对于公益用地使用权的法律性质判断则非易事。国家作为公益用地的所有者将公益用地划拨给公益单位使用的过程即为土地划拨，表面上看公益单位代表国家使用公益用地，所有权与使用权没有脱离，因此有的人认为公益用地使用权属于自物权。[①] 实际上无论公益单位还是私权利人，从使用土地角度讲都是土地使用者，公益单位虽然是公益性质的政府的某个部门，作为使用者与管理者的身份重合，但不能因此而混淆管理者与所有者，将管理者作为代替国家所有者的身份对土地的所有。公益用地使用权是为了社会公共利益而设立，并没有特殊的主体限制。从这一点上看，公益用地使用权也不属于人役权，因为人役权是为了特定人的利益而利用他人所有之物的权利。

公益单位取得公益用地一般情况下要支付土地取得成本，须支付给原土地权利人相应的对价或补偿，如果取得土地需要支付给原土地权利人土地市场价值或土地补偿费和缴纳相关税费，那么，土地使用者就拥有相应的部分财产权。《划拨土地使用权管理暂行办法》和《关于改革土地估价结果确认和土地资产处置审批办法的通知》规定，土地使用权人和土地所有权人共同拥有财产权，所以公益用地具有财产权性质。公益用地使用权实际就是土地使用者公益单位取得国有土地的使用权，支

① 参见邵志华、黄庆阳：《论划拨土地使用权的法律性质》，载《湖北广播电视大学学报》2006年第5期。

配国有土地的这一特定物，享有使用权创造的利益，本质上符合物权的特征。因公益用地使用权的价值需设定在国有土地所有权之上而实现，所以符合《物权法》的规定和他物权性质特征。[①]因此公益用地使用权属于用益物权，公益单位具有对他人之物（国有或集体土地）所享有的占有、使用、收益的排他性的权利。[②]

三、公益用地取得的行为内容

公益用地具有公共产品属性，公益用地取得行为与提供行为分属不同环节，取得行为应是公共产品的来源问题即生产问题，所以公益用地取得是公共产品的生产环节。政府强制性干预方式是运用公权力实现公益用地取得的方式，属于公法调整范畴。另则，公益用地取得过程会发生所有权权能或他物权移转、设定、变更、废止，所以属于发生物权变动的法律行为。公益用地取得有平等协商等方式，属于按照私法自愿合意、自由平等交易规则完成。“买卖关系”具有私法关系属性，所以又属私法调整范畴。公法与私法调整并非孑然孤立，出现了公法私法化与私法公法化的融合。以此看公益用地取得属于兼具公法

---

① 《物权法》第117条规定：用益物权人对他人所有的不动产或者动产，依法享有占有、使用和收益的权利。

② 邵志华、黄庆阳认为，应把国有土地使用权（包括划拨土地使用权）定性为一种新型用益物权。因为大陆法上传统的用益物权中没有一种与我国的国有土地所有权的权能和范围是一样的，因此将其定义为新型用益物权。参见邵志华、黄庆阳：《论划拨土地使用权的法律性质》，载《湖北广播电视大学学报》2006年第5期。但笔者认为，国有土地使用权还是典型的用益物权，因为其具有用益性、独立性、占有性特征，并且与所有权、担保物权相比，用益物权具有对标的物的使用、收益的主要内容以及直接支配他人的物的权利。

与私法性质的经济法调整范畴，所以公益用地取得行为应是经济法调整之对象。

（一）经济法调整下的经济法律行为

市场经济出现的诸如垄断、公共产品的稀缺等问题宣告“经济人”的理性假设失败，市场的失灵为政府适度干预经济提供了强有力的依据。市场机制容易出现“公地悲剧”和“搭便车”现象，公共产品的非竞争性和非排他性决定政府是公共产品的生产者和提供者。当私人不愿生产、提供因经济建设或公共设施需要的大幅土地时，政府应责无旁贷地承担起公益用地的生产、提供职责。但是政府具有自身利益偏好、寻租、缺乏独立人格等缺陷，所以还需规制政府之经济法加以调整。在公益用地取得上以社会公共利益为基本出发点和归宿，建立完备的公益用地取得制度，以规制政府的经济干预行为。

公益用地取得实质上是将原属于私利性的土地所有权或使用权转移抑或收归公有，用于公益事业发展的行为。从权力来源来看，公益用地取得方式运用强制性方式时，公权力得以发挥作用；若采用市场方式平等协商时，公权力不发挥作用。从取得双方当事人在取得行为法律关系中的地位来看，强制取得方式和市场方式两种取得方式分别体现着不同类型的法律关系。公益用地强制性取得方式是国家或政府作为取得人运用公权力强制取得原土地权利人土地的行政行为方式，实质上是不平等的法律主体之间所建立的权力服从的纵向法律关系。运用强制性方式时，当事双方法律地位不平等。市场取得方式是国家或政府与原土地权利人基于平等法律地位，运用市场交易规则实现土地交易的过程，实质上是平权法律主体之间的权利义务关系。适用市场方式时，双方处于平等的法律地位。从体现的意志角度来看，强制方式所体现的是单方的意志；市场方式体现的是双方合意。从权利义务角度来看，强制性取得方式中，国家或政府具有取得土地的权利和给付补偿的义务；原土地权利人具有让渡土地的义务和享有补偿的权利。公益用地取得方式既有公权介入的方法，也有私权介入的方法。征收、征用、收回是国家的行政强制手段，属于政府公权方式介入。购买方式是按照市场价格进行平等协商的市场调柔方式，属于政府私权方式的介入。所以公益用地取得行为不是单一的行政行为或民事行为，而是公私融合之法——经济法调整下的经济法律行为。

（二）基于等价有偿的权利交易行为

公益用地取得是一种特殊的交易行为，依据市场经济国家私有财产法律保护的原则，应按与其权利利益相一致的原则必须给予公平合理的市场对价或经济补偿。公益用地取得的方式不同，给付方式也不同。强制性取得方式以补偿为给付方式，市场性取得方式以对价为给付形式，这也体现了政府干预与市场交易方式的区别。土地交易价格是在公益用地取得过程中，由取得人（国家或政府）向原土地权利人（一般情况下为私人）支付的价款抑或对价，是发生在公益用地取得过程中当事双方的经济关系的总和。强制性取得方式中却存在明显的强制性，明显缺少当事人合意行为，具有当方意志性，以公法非等价交换原则实现土地取得。强制性方式补偿(如征收补偿)并非取得土地财产权利的"对价",而是由于原土地权利人的"特别牺牲",基于利益平衡原则由国家担负的给付义务,因此表现出的土地价格是对土地的补偿额度。①

如前所述,公益用地取得方式既有购买、优先购买市场平等协商型的方式,又有土地征收(强制购买)、管制征收、公共地役权等强制性的方式,所以公益用地取得的行为是"平等买卖""强制性买卖关系"的综合行为。实际上不论哪种买卖关系,它都是一种基于等价有偿和利益平衡原则的交易行为。"平等买卖关系"两头连接着平等的民事主体,以市场私法的方式,在自愿、平等、合意的基础上,政府以土地的公平市场价格作为对价取得原土地权利人的土地。在"强制性的买卖关系"中,虽然政府依强制性的方式取得原土地权利人的土地,但是这种强制买卖是以平等的买卖关系为前提的交易行为,是在充分尊重原土地权利人财产权利基础上,同时给予原土地权利人公平市场价格的土地补偿的交易行为。

(三)发生物权变动的法律行为

公益用地取得行为是物权设定、移转、变更或消灭为目的之法律行为。②原土地权利人与政府间进行的所有权及其权能的

---

① 参见王洪平、房绍坤:《论公益征收法律关系的性质》,载《中州学刊》2010年第5期。

② 关于物权行为的解释理论界稍有不同,有目的说、内容说等理论。史尚宽持有目的说,在其所著《物权法论》中认为,"物权行为,谓以物权之设定、移转、变更或消灭为目的之法律行为。"梁慧星从内容的角度界定物权行为,他在其所著《民法总论》中指出:"物权行为,指以物权之设定、移转为直接内容的法律行为。"但不论怎样解释,都承认物权行为是物权变动的法律行为,只是表述不同而已。

分离属于物权变动，所有权及其权能分离后，原土地权利人和政府作为物权人分享同一物上的物权，存在物权法律关系。政府通过征收、购买等强制性方式取得土地所有权，原土地权利人将所有权让渡出去。或者原土地权利人将部分所有权权能转移给政府，政府取得他物权加以利用，实现公益用地取得。原土地权利人和政府物权变动意思的独立，交付土地的行为表达了“转移占有以及受领占有”的意思，在土地交付中双方对设立、移转、变更、废止物权具有明确的意思表示，具备物权变动的形式主义原则要件。在公益用地取得方式中，通过强制性方式取得的公益土地，一般属于原始取得；通过市场非强制性方式取得的公益用地属于继受取得。

结合我国国情，公益用地取得在权属流动上表现为公益用地权属的产生过程，是土地权属限制、转移和重新配置的过程。公益用地取得是将原土地权利人的土地所有权权能转移、收归抑或转化公有土地权能的过程。所以，公益用地取得的行为性质就是国家或政府及集体经济组织基于公共利益需要，为公益单位谋求利用土地，而将原土地权利人享有的土地所有权权能转移、转化为国有土地权能或收归集体经济组织或限制权属的过程。

第三节　公益用地取得方式的含义

一、公益用地取得方式的概念

通过对公益用地取得主体、客体和取得行为内容等法律关系的分析，结合现有的公益用地取得类型，笔者认为，公益用地取得方式的概念应界定为：公益用地取得方式就是国家或政府公益用地取得人为了公共利益需要，根据土地利用总体规划和城市规划的要求，基于等价有偿交易原则，运用市场与强制综合协调的方式，通过对原土地权利人享有的土地权利的转移或限制，实现公益用地取得的行为方式。当然，定义中包含两种取得方式，一个是强制性的取得方式，另一个则是市场方式。强制性的取得方式具有单方意志性，取得行为两端的当事主体处于不平等的法律地位，对于给个体土地造成的“特别牺牲”给予的是补偿。市场方式具有双方意志的合意行为方式，当事主体法律地位平等。本书所论主题是公益用地市场取得方式，就是国家在取得公益用地过程中，一则要发挥市场配置资源的机制手段，采用私法协商合意的市场方式取得公益用地；二则要控制或减少公权力的运用，充分发挥强制性方式的积极功能，将强制性方式仅限于重大纯公益用地取得的保障。市场方式并不是对强制性方式的替代，而是对强制性方式的优化，从这个意义上讲也就是强制性方式的去公权化。直言之，就是国家抑或政府在取得公益用地过程中，由于其身份特殊性，容易造成权力异化和对原土地权利人财产权侵犯，所以国家抑或政府首先应以平等主体身份出现，按照私法自愿合意的交换原则取得公益用地（包括纯公益用地），只有在纯公益用地无法通过市场方式取得时才能将强制性的取得方式作为保障方式。这一过程应是市场方式先行适用，政府公权渐进适度干预的过程。但我国目前公益用地取得的现状正与这一过程相反，强制性方式过度适用，逆市场化行为明显，市场方式不足。鉴于现存的表征，笔者提出反向的纠正思路——公益用地市场取得方式。

二、公益用地取得方式的类型

当个体利益与公共利益发生冲突和矛盾时，个体利益基于社会性义务应让位于公共利益。当政府代表公共利益而获取公益用地时，原土地权利人将土地权利让渡给国家或政府。基于不同角度，可以有不同的方式类型。

（一）依据强制性程度分类

按照强制性程度可分为政府强制性的方式和市场协调性的方式。强制性的方式是国家为了公共利益目的，以补偿为前提，依照法律的规定条件强制性取得公民、法人和其他组织的土地使其成为公益用地的方式。这种方式将土地原权利人所享有的权利强制性地转移给国家，是世界各国经常采用的普遍性方式，如我国的土地征收，日本的土地收用或土地收买，法国、德国、加拿大和澳大利亚的土地征用，英国的强制收买，美国最高土地权的行使等。[①]一般情况下，政府采用征收或强制购买方式进行，但政府强制性手段并非唯一获取公益用地的方式，而是获取公益用地土地的最后方式。国外立法例通常设置协议价购制度以缓和征收权的刚硬缺陷，如英国、法国、挪威、丹麦、爱尔兰和西班牙等国虽然对于政府强制购买闲置或未充分利用农地

① 参见徐凤真：《集体土地征收制度创新研究》，法律出版社2012年版，第39页。

的权力有规定，但是在现实中这些政府很少甚至从未使用过这一方式。[①]

（二）按照所有权是否转移分类

按照是否转移所有权可分为转移所有权方式和限制所有权方式。如美国，广义的征收（takings）有两种形式，一种形式是如前面所说政府利用强制方式取得他人财产所有权；另一种形式则是准征收（inverse condemnation），系指无正式的征收权行使而人民的财产权因受到侵害而请求价值损失补偿之情形。[②]例如，河床两岸禁止进行挖沙、取土等生产、建设行为，那么河床两岸的用地所有权增加了限制，可以被认定为准征收。准征收是公民、法人等土地所有权人并不脱离土地所有权，而是土地所有权被设定了限制，国家通过对土地的限制实现取得公益用地，由此造成原土地权利人损失的，权利人有权要求赔偿。我国土地所有权与使用权分离，公民、法人所享有的是国有土地使用权，并非真正的土地所有权。我国也有类似于美国准征收的规定，如根据文物保护的实际需要，而在文物保护单位的周边划出的建设控制地带。俄罗斯采用公共地役权方式来解决公用事业用地的取得问题，以此来解决国家对土地利用存在的过度管制问题。[③]

① 参见谢清树：《中国土地征用制度的改革　　与市场经济国家土地征用制度的比较》，载《开放时代》2005年第5期。

② 参见许迎春：《中美土地征收制度比较研究》，西北农林科技大学法律系2011年博士学位论文，第14页。

③ 参见罗建：《我国土地利用的过度管制问题——以公共地役权为解决方案》，载《中国不动产法研究》2013年第00期。

第三章　公益用地市场取得方式的正当性

第一节　公益用地强制取得方式制度改革的必要性

虽然我国法律法规明确规定了公益用地的取得方式有征收、征用、收回，但是由于存量建设用地紧张，新增建设用地需求只能转向集体土地，所以土地征收是过去乃至现在比较常用的公益用地取得方式。在城市，政府通过公益征收方式征收房屋而取得公益用地。[①] 土地征用、收回方式虽有规定但不常用，特别是因为公共利益的征用、收回的案例更是少见。所以，对于公益用地取得方式制度的评价，很大程度上就是对土地征收方式制度的评价。现今，由于公共利益异化，公益用地范围扩张解释，土地征收方式饱受

① 基于此，笔者为统一称谓，将集体土地征收方式和公益征收方式合称征收或土地征收。

诟病。但是我们评价一个制度的优劣，不能脱离其运行的社会经济背景，也不能因为现今的弊端凸显而将其完全否定。我们对土地征收制度的评价，要客观地将其还原到制度的成本与收益分析中讨论。

一、强制性取得方式的制度收益

土地征收、征用、收回和公益征收等强制性取得方式是现代国家平衡与协调私益与公益的必要手段，也是一项合法剥夺私有财产的法律制度。提起土地征收、征用或者公益征收，学者们大多热衷于对其弊端的口诛笔伐，但关于强制性方式的作用很少论及。作为计划经济时期的产物，强制性取得方式自其产生到目前为止，并不是一无是处。强制性取得方式制度的建立对于保证国家经济建设、社会发展用地发挥着巨大的作用。强制性取得方式在公益用地的取得上具有保障作用、效率优势，可以克服双边垄断、减少交易成本等积极的功能作用。强制性取得方式为新中国建设以及社会主义市场经济下的公共利益性质的基础设施及公益事业设施建设提供了有力保障。

（一）保障公益用地优先取得

中国现行土地征收、征用、公益征收、土地收回等强制性取得方式制度的典型特征是政府垄断，是政府在符合公共利益的前提下，强制性取得公益用地的行为。[①] 一则表现了对市场条件下生产公共产品失灵的克服，二则表现了公共利益用地实现

① 参见沈萍、袁琰：《论土地征用行为的经济法规制》，载《经济法论坛》2003年第00期。

的保障。在协商购买等市场方式不能确保公益用地取得的情况下，强制性取得方式为其提供了有力保障。私人或集体拥有的土地因公共利益的需要而被强制剥夺，作出“特别牺牲”。作为个人利益的土地权利应服从于公共利益的需求，进而实现土地权益的集体性、社会性。[①] 新中国成立至今，长时间处于计划经济阶段，在权利本位的法权时代向社会本位的法权时代的过渡阶段，公益用地的生产与供给要先于私人的土地取得与供应。强制性取得方式是宪法行为、行政行为、物权行为，在取得建设用地上具有优势，特别在公共利益用地取得上以国家强制力保障实施、优先实现。

（二）保证国家税收来源

现行土地征收过程中建设用地单位及个人除了交纳土地各种补偿、补助费用以外，还应向国家上缴耕地占用税、耕地开垦费、新菜地开发建设基金和征地管理费等“一税三费”和土地出让金。这些税费的征缴拓展了税种，增加了国家税收。《土地管理法》规定用地单位及个人应向国家交纳征地补偿费、耕地开垦费和新菜地开发建设基金。2008 年《耕地占用税暂行条例》规定占用耕地从事非农业建设应当缴纳耕地占用税。根据《国家物价局财政部关于发布土地管理系统部分收费项目与标准的通知》（价费字〔1992〕597 号）的规定，用地单位在征地费总额的基础上按 1.5%~3% 交纳土地管理费。分税制改革后，土地

① 参见郭洁：《土地征用若干民事法律问题研究》，载《社会科学辑刊》2001 年第 2 期。

出让金已经成为地方政府财政预算外收入的最主要来源。土地征收增加了地方税收，同时带动经济的发展。

（三）消除原土地权利人抵抗

在公益用地取得过程中，如果利用自由市场方式获取土地，会发生三种不同类型的抵抗，即征收区域内土地所有者联合的战略所有者的抵抗①，非联合的高估自己财产价值的诚实所有者的抵抗和寄予土地特殊主观性价值的特质所有者的抵抗问题。②这三种类型抵抗会带来高昂的交易成本，从而严重损害社会福利。抵抗问题与政府对所有者所持有的土地的估值有无完善的信息有关，如果有对土地所有者客观价值估值完善信息，就不会产生战略抵抗和诚实所有者的抵抗。如果除了有客观价值的估值完善信息，又有所有者的主观价值完善信息，就不会产生特质所有者的抵抗。而政府为获取公益用地调用土地征收方式的能有效消除抵抗的问题，使公益用地取得顺利进行。

（四）克服双边垄断

在单一买方和单一卖方的情况下，容易产生双边垄断问题。双边垄断会导致交易成本上升，阻止市场交易，产生无效率。双边垄断可能无法达成双方满意的价格，造成交易成本提高，致使协议购买无法实现。而强制性取得方式恰恰能够起到

---

① Daniel B.Kelly, "The 'Public Use' Requirement in Eminent Domain Law: A Rationale Based on Secret Purchases and Private Influence", *CORNELL L.REV.*, March 9, 2006, p.7.

② Shavell, Steven., "Eminent Domain versus Government Purchase of Land Given Imperfect Information About Owners' Valuations", *Nber Working Paper Series*, 2010, pp.128-130.

抑制双边垄断的功能，缩短交易周期。[①] 此时征收可以克服垄断问题，因为征收可以减少长时间的讨价还价，降低交易成本。交易成本是政府放弃协商购买，转用征收方式的原因所在。

（五）减少交易成本

市场方式自由谈判协商交易公益用地需要合约设定、执行监督、讨价还价、信息获取等过程环节，而每个环节都附带着交易成本，这些成本的高低决定着交易成功与否。正因为有交易成本存在和上涨的可能，国家才会有强制性的公益用地取得方式的制度安排。强制性的方式可以通过所有权重新划分和资源配置优化，达到降低公益用地交易成本最小化，实现帕累托最优。交易成本显著的情况下，强制性取得方式当然发挥其作用。否则，在强制性方式的行政费用少于双方同意交换的交易成本时，强制性取得方式不发挥作用。也就是说，在与现有的所有者交易条件下的成本超过交易利益，政府会调用强制性方式干预获得公益土地。抵抗、垄断都会使交易成本增加，动用强制性方式可以降低交易成本。强制性方式仅在交易成本大于收益时发挥作用，此时调用强制性取得方式可以大幅降低或减少交易成本，使公益用地取得获得效率。

（六）抵制负外部性

如果土地成片集中（land assembly）取得的社会价值大于现有的所有者各自估值的总和，而政府所给每个所有者估值又

---

① Daniel B.Kelly, "The 'Public Use' Requirement in Eminent Domain Law: A Rationale Based on Secret Purchases and Private Influence", *CORNELL L.REV.March* 9, 2006, p.7.

小于该所有者的估值时，就会产生战略所有者联合起来抵抗政府的公益用地取得意向。此时政府与每一位所有者的谈判成本高昂，负外部效应或负外部性出现。外部性影响到周围的社区，政府使用强制性取得方式可以消除负外部性的“弊端”。[①]

公益用地如果通过市场发方式取得，政府得与原土地权利人进行讨价还价，这一过程是需要时间的。可能有些谈判是漫长的，就会影响公益用地的取得效率，如英国可能因为公益用地的谈判协商而使建设项目耽搁几年。在当今快速城镇化的中国，且不说强制性方式是否尊重的财产权是否讲求了公平，强制性取得方式确实发挥了其强制性的优势，在公益用地取得上表现出高效率。

二、强制性取得方式的制度成本

（一）共同性的制度成本

1. 存在机会成本

机会成本是指在面临多种方案选择决策时，被舍弃的方案选项中的最高价值者是本次选择决策的机会成本。公益用地市场取得方式能够以私法意思自治，按照自由竞争、公平交易的原则实现交易。市场方式能够充分尊重土地私权，保障交易人民主协商权利，全程参与交易过程，避免权力寻租，降低行政成本。等价有偿原则能够反映土地真实价值，优化土地资源配置，

① Shavell, Steven, “Eminent Domain versus Government Purchase of Land Given Imperfect Information About Owners’ Valuations”, *Nber Working Paper Series*, 2010, pp.135-142.

促进建设用地结构平衡。而强制性取得方式利用公权力行政方式，并不遵守民法的自愿、平等、公平、等价有偿原则，而是基于国家或政府的单方意志，无须原土地权利人同意。强制方式表现出的诸多特征都较市场取得方式不足，放弃市场方式而选择强制方式本身就具有机会风险，再加上强制方式取得直接成本和决策成本低，增加了机会成本存在的可能。

2. 增加执行成本

如同市场购买土地方式涉及若干交易成本一样，通过强制性方式取得土地须承担一定的行政成本，而这些成本也必须应加以考虑。强制性方式干预必需各种行政费用，土地征收、公益征收各个阶段都有行政成本。土地征收、公益征收过程中的运行成本除取得土地的直接成本（征地补偿费和政府转嫁给被征地人的外部成本）以外，还包括管理成本和扶贫成本等间接成本。① 直接成本是固定的，并且地方政府还能压低征地补偿的费用，但是间接成本往往是不可控并且是上升的。这些费用成本包括授权使用强制性权力费用、调用和行使强制性权力消耗以及鉴定成本、评估的财产费用等。强制性方式运用是否适当，这些管理成本是重要的考虑因素，但往往这些成本比较高昂。

3. 潜在权力寻租

现行土地强制性取得制度下，地方政府是我国土地一级市场的垄断生产和供应者，由于利益俘获，地方政府舍弃了公共

① 参见吴晓洁、黄贤金、张晓玲等：《征地制度运行成本分析——以通启高速公路征地案例为例》，载《中国农村经济》2006 年第 2 期。

产品生产、供应职责，将角色重点转向了经济人身份。由于经济人追求利益最大化，所以地方政府在市场规律的节奏中寻找平衡点，推高土地批租价格。同时垄断批租的制度设计，为地方政府、部门、官员权力寻租留下巨大弹性空间。用地单位为降低取得土地成本，以投资、慈善等方式向地方政府寻租低价征地，以囤积土地获取高额利润。于是地方政府与用地单位合谋，通过退还部分出让金的手法抬高土地价格。而对于价格违法行为，国家仅就其追究负责人的政治责任，法律均未进行规制。一些地方政府和官员在利益诱使下不惜违法征地，强制拆迁，造成集体上访上诉，社会矛盾加剧。

强制性取得方式的垄断性制度设计致使地方政府即使不主动寻租，也会有“被动”寻租。当地块成片集中（land assembly）的估值大于该地块分散估值总和时，使用土地征收成片集中征收会产生盈余，成片土地的取得者会将全部盈余收入囊中。其结果是，利用强制性取得方式可能会产生一种“二次寻租”。因此，许多用地个人或单位将有兴趣以各种方式试图说服政府调用土地征收权、公益征收权。①

4. 产生巨大社会成本

社会成本是产品生产的私人成本和生产的外部性给社会带来的额外成本之和。社会成本分担与补偿的目的是促进社会公平。由于强制性方式公权力异化，政府的经济人角色，使强制

① Thomas W.Merrill & Henry E.Smith, “Property and property rules? ”, *American Law & Economics Association Annual Meetings, 2004—law.bepress.come*, pp.1276-1277.

性取得方式制度成为政府逐利的工具，由此而诱发社会矛盾、暴力冲突以及公众对政府的信任危机，政治成本增加。政府公信力下降，导致公众对强制性方式的谴责和反对，意识形态成本上升。国家因此而承担和付出的维持成本、救济成本、冲突成本等社会经济成本是完全不可控的。这些社会经济成本的高低与直接成本中补偿费的高低直接相关。补偿费越低，维持成本、救济成本、冲突成本就越高。现实制度条件下，土地征收补偿费被层层截留，协调冲突对抗、谈判，维护土地取得秩序的强制性方式间接成本必然高企。从这一点上看，强制性方式的成本与市场协商的成本比较也是公益用地取得方式的选择标准。

（二）我国国情下的制度成本

1. 造成土地资源分配不公

世界各国无一例外规定，"公共利益"的需要是强制性取得方式适用的前提，强制性取得方式适用的目的就是满足公共福利的增长。而在我国，依据现行《宪法》的规定，国家出于公共利益的需要，可动用强制性公权力，把集体所有的土地变为国家所有或收回国有土地使用权。对经营性的建设项目，是否可以动用强制性权力，《宪法》并无明确界定。但按照土地管理法的有关规定，政府无论对公益性用地还是经营性用地，只要用于非农建设就可先征为国有。实践中，这一规定成为地方政府强行征收集体土地或城镇房屋财产权的依据。因此假借"公益用地"之名，谋商业利益之实的征地事件屡见不鲜。数据显示，截至 2007 年年底，全国征地用途中仅有 20% 土地是出于绿化等公共利益需要，80% 的农地被征收后则转做房地产开发等建设用地。[①]

2. 导致建设用地结构失衡

公益用地和经营性建设用地分属不同性质的建设用地，应该采用不同的取得方式。经营性建设用地应该以市场协商的方式取得，土地征收、征用、公益征收、收回等只能用作公益用地强制性的取得方式，经营性建设用地绝不能以强制性方式取得。但是由于公共利益界定不清，经营性建设用地往往借用“公名”进行土地征收、征用、公益征收、收回。强制性的土地取得方式俨然成了政府攫取利益的工具。经营性建设用地违反土地规划、用途管制，突破土地利用计划，建设用地激增，耕地面积急剧下降。据数据统计，1996 年至 2009 年全国建设用地从 4.38 亿亩增加到 5.25 亿亩，增加了 8729 万亩，建设用地的增速较快，土地粗放利用、浪费的阶段性特征明显。城镇用地及村庄用地增长较快，建设用地利用效率不高、格局结构失衡、供需矛盾突出等问题在许多地方普遍存在。[②] 就建设用地的结构而言，经营性建设用地不断上升，公益用地不断下降，经营性建设用地挤占公益用地指数，影响了公益用地的供给。在总量 16.5 万平方公里的农村集体建设用地中宅基地至少占 70% 以上，乡镇

---

① 参见赵蕾:《土地法律修改将提速，保障农民权益是重心》，载 http://news.sina.com.cn/c/2008-10-16/121716466112.shtml，最后访问日期：2008 年 10 月 16 日。

② 参见陈仁泽:《关于第二次全国土地调查主要数据成果的公报及解读》，载 http://www.sinan.gov.cn/art/2013/12/31/a rt_19_136665.html，最后访问日期：2013 年 12 月 31 日。

企业用地占10%,仅有不到20%属于公益性用地。[①]在农地向非农地转变而减少的农地总量中,公益性用地仅占10%,其余均为工业用地、商业或经营性用地。[②]

3. 引发土地财政问题

分税制改革使中央与地方财权事权严重不匹配,中央政府不断上收财权,事权却不断下移。导致地方政府一方面减少公共产品与服务的供给,另一方面非规范性地寻求税收突破。而此时靠征收、储备、出售土地手段所获得的财政收入可以有效缓解地方财政紧张的局面。在征地过程中,地方政府收取的各种税费名目繁多,有的地方各种税费居然占征地成本的60%以上。[③]由于土地资源日渐紧张,城市建设又急需土地,巨额的土地出让金使政府被利益俘获充当卖地者的角色。土地财政逐渐成为政府所倚重的第二财政,既能维持地方政府财政运转,又能满足提供公共物品的事权要求。基于这样的考虑,地方政府热衷于经营城市,将目光转移到以土地征收、公益征收为典型的强制性取得方式上来,通过巧立名目的公益征收和土地征收来获取巨额利益。据数据显示,中国土地出让总价款2009年为1.59万亿元,2010年为2.7万亿元,同比分别增加63.4%和70.4%,从2006年至2010年全国土地出让收入达7万多亿

① 参见蔡继明:《应适时调整农村建设用地结构》,载《经济参考报》2014年3月4日。

② 参见王景新:《新三农问题值得关注》,载《中国经济时报》2014年3月5日。

③ 参见汪东升:《我国土地征收制度存在的弊端及其改革建议》,载《行政与法》2012年第10期。

元人民币。[①]

4. 损害原土地权利人合法权益

强制性方式适用前提的抛弃就是损害原土地权利人合法权益的肇始。政府职能在一定程度上应当受限于公共利益的边界，但政府的庞大职能超越了公共产品生产供给的界限，强制性方式俨然成为经营性建设用地的取得方式，公共利益的条件限形同虚设。对两种所有制下土地使用权流转截然不同的规定，造成全民所有制和劳动群众集体所有制土地的不均等化对待，从制度层面就根本性限制了农地被征收权利人作为权利伸张的主体，损害了其正当权益。政府甚至通过委托、授权等方式使私权主体直接介入甚至主导征收，完全丢弃政府公权力应当为公共利益的职责。也正因如此，《城市房屋拆迁管理条例》饱受违宪性质疑，才有后来《征补条例》的出台。

地方政府为了追求GDP，官员为了提高政绩，违反土地总体规划和土地利用计划，未批先用、违反程序直接征地、化整为零拆分项目多次批地，忽视原土地权利人知情权，侵犯集体土地所有权。公益为借口的征地权滥用导致大量农民失去赖以生存的土地。

土地征收补偿范围窄、标准低，是损害农民土地权益的主要和直接表现。补偿范围窄的首要表现就是对于原土地权利人给予的补偿局限于直接损失的补偿，如土地征收仅给予农村集

① 参见陈煜林：《2010年中国土地出让总额2.7万亿元　同比增逾70%》，载 http://www.chinanews.com/estate/2011/01-07/2772655.shtml，最后访问日期：2011年1月7日。

体经经组织土地补偿费、安置补助费、青苗补助费和地上附着物补偿费等费用。公益征收仅对房屋等地上附着物和临时安置等给予补偿，对于土地根本则没有补偿。然而实际上，原土地权利人因土地征收和公益征收所受到的损失远不止此，还有生态价值、社会价值和精神价值等。补偿标准低的主要表现就是采用收益计算标准，忽略其他重要价格因素。《土地管理法》第47条规定补偿费用以平均农产值为计算标准，土地的非农用使用价值、区域位置、经济发展状况、土地供求关系等市场因素均未作考虑，没能显现市场价值。[①] 收益计算标准完全是政府行为的结果，反映的既不是地价也不是地租，与土地市场毫无关系。

土地征收、公益征收等强制性取得方式制度缩限补偿范围，使原土地权利人不能分享土地的增值收益。在城市，国家通过公益征收取得土地，仅对地上房屋给予补偿，而房屋根植的土地不予补偿。这无疑剥夺了原土地权利人的土地财产性权利，因为国有土地的使用权也是财产性权利的一部分。通过房屋征收方式取得土地对公民财产权所受限制的强度已经达到了特别牺牲的程度。按照无补偿无征收的存在逻辑，对于通过征收房屋的方式取得土地而不予以土地使用权补偿的做法是对土地使用权人财产权的蔑视和侵犯。在农村，公益性建设用地与经营性建设用地界限不清，致使大量经营性商业性用地假借公共利益征收，由此农民的合法权益受到了损害。地方政府或者

① 参见汪东升：《我国土地征收制度存在的弊端及其改革建议》，载《行政与法》2012年第10期。

为招商低价征地给开发商，压低克扣农民补偿费用；或者低价征地转而高价卖给发展商，获取土地出让金。土地出让金是地方政府土地财政的主要来源，这意味着农民也因此为地方政府遭受巨大损失，这也切实地将地方政府倡导为“公益”实则为“私利”的真实意图展露无遗。不管是对农村集体土地使用权较少补偿，还是对城市住房拆迁取得国有土地使用权的无补偿，都是对财产权利的忽视，对于原土地权利人的侵害。除了补偿外，被征地农民没有其他安置及社会保障，发展权被悄然剥夺。

三、强制性方式向市场方式转型的迫切性

强制性取得方式有其特有制度收益，但在市场经济条件下与制度收益相比较，其制度成本又是较高的。从制度成本与收益收益的角度来看，制度的成本大于收益时证明强制性取得方式应具有向市场取得方式转型的迫切性。

第一，强制性方式保障了公益用地优先取得，却沦为大量经营性用地的取得手段。强制性取得方式利用公权力的强制性，可以克服公共产品的外部性带来的市场失灵，保障公益用地优先于经营建设用地取得。在市场方式的协商购买等方式不能确保公益用地取得的情况下，强制性取得方式为其提供了有力保障。但由于公共利益的外延性解释，加上政府逐利及寻租的行为，导致非公益经营性建设用地假借公益之名，也通过强制性方式取得。由于权力的异化，强制方式反倒成为背离公共利益的工具，在公益用地取得上表现出低效率。造成土地资源

分配不公，违反土地规划、用途管制，突破土地利用计划，建设用地激增，耕地面积急剧下降。建设用地结构失衡，经营性建设用地比例不断上升，公益用地所占比例不断缩小。

第二，强制性方式保障了国家税收来源，但引发了严重的土地财政。强制性取得方式在取得用地后，向土地使用人征收各种税费，征缴拓展了税种，增加了国家税收，带动了经济发展。在各种税费中，土地出让金是地方预算外收入的主要来源。由于分税制改革造成的地方和中央事权和财权的不匹配，加上地方政府的经济人身份，强制取得方式是地方政府的利益获取工具，从而形成较强依赖性的土地财政。

第三，强制性方式减少了交易成本，却增加了更大的执行成本。强制方式的典型优势在于降低市场方式自由谈判协商交易各环节所产生的高额交易成本。土地所有者或使用者的抵抗、垄断都会使谈判等交易成本增加，动用强制性方式可以降低交易成本。但强制性方式仅限于交易成本大于收益时使用，强制性取得方式的使用有效降低交易成本，使公益用地取得获得效率。但是，在我国一直采用计划性较强的强制取得方式，取得的土地价格实行政府定价，土地使用者没有谈判的机会。强制性方式也有其组织、决策、运行、维护、监督、救济等执行成本，在现实条件下由于强制性方式的使用而产生的抵抗冲突愈演愈烈，政府为之所付出的执行成本居高不下。

第四，强制性方式克服了双边垄断，却潜在严重的权力寻租。在买方与卖方单一的情况下，容易产生双边垄断问题。双边垄断会导致交易成本上升，阻止市场交易，产生无效率。强制性方式可以结束无效率的谈判协商，运用公权力取得公益用地，此时强制方式是具有效率的。但是，更加重了潜在政府权力寻租的危险，政府往往被利益俘获利用强制性方式损害原土地权利人的土地权利。事实上，在我国不仅存在个人寻租，而且存在地方政府及部门寻租。

第五，强制性方式抵制了负外部性，却以巨大的社会成本为代价。按照市场方式进行谈判协商，会产生谈判周期长、原土地权利人联合抵抗拖延时间等负外部性。强制性取得方式可以发挥强制优势，使土地权利人遵从公权力意志。但在我国，公共利益泛化和权力异化情况下，强制性取得方式制度成为政府逐利的工具，由此会诱发社会矛盾、暴力冲突以及公众对政府的信任危机等。强制性方式制度的运用是以巨大的政治成本、经济成本等社会成本为代价的。

第六，强制性方式消除了原土地权利人抵抗，但严重侵害了土地私权。市场方式取得公益用地时，原土地权利人会产生不同原因的抵抗，会带来高昂的交易成本，从而严重损害社会福利，影响公益用地取得。强制性取得方式可以有效克服战略所有者的抵抗、诚实所有者的抵抗、特质所有者的抵抗问题，但同时由于强制性公权力的运用，不可避免地对土地私权造成损害。特别是在我国土地征收权力膨胀、异化的当下，权力滥用所导致的对土地私权严重侵害的案例不胜枚举。

第二节　公益用地市场取得方式的理论依据

一、经济学理论

公益用地从性质上属于公共产品，而对于公共产品的生产、提供，现代经济学有较为完善的成熟理论，这为公益用地取得方式法律制度提供了理论支撑。这些理论包括：公共产品供给理论、新公共管理理论和交易成本理论。

（一）公共产品供给理论

1. 公共产品供给理论内容

公共产品供给理论是正确处理政府与市场关系、政府职能转变、构建公共财政收支、公共服务市场化的基础理论。根据公共经济学理论，社会产品分为公共产品和私人产品，公共产品具有效用的不可分割性、消费的非竞争性和受益的非排他性，[①] 而私人产品具有敌对性、排他性和可分性，介于两者之间的产品称为准公共产品。[②]

第一，由于存在市场失灵，公共产品供给需政府干预。由于存在垄断、公共物品、外部性等方面"市场失灵"，市场自身

---

① 效用的不可分割性：私人产品可以被分割成许多可以买卖的单位，谁付款，谁受益。公共产品是不可分割的。国防、外交、治安等最为典型。受益的非排他性：私人产品只能是占有人才可消费，谁付款谁受益。然而，任何人消费公共产品不排除他人消费（从技术加以排除几乎不可能或排除成本很高）。因而不可避免地会出现"搭便车"现象。消费的非竞争性：①边际生产成本为零：在现有的公共产品供给水平上，新增消费者不需增加供给成本（如灯塔）。②边际拥挤成本为零：任何人对公共产品的消费不会影响其他人同时享用该公共产品的数量和质量。个人无法调节其消费数量和质量（如不拥挤的桥梁、未饱和的Internet 网）。

② 参见 http://baike.so.com/doc/6573260.html，最后访问日期：2018 年 2 月 2 日。

无法解决存在的分配不公，因此市场方式难以在公共产品供给领域达到“帕累托最优”。如果通过市场提供公共产品，容易产生“搭便车”，导致休谟所指出的“公共的悲剧”，难以实现公共利益最大化。需要政府采取相应的法律、经济、行政等手段来干预市场。由于负外部效应的存在，公共产品不能由私人有效提供，造成供给不足。政府作为经济体中的一个部门，主要承担提供公共产品的职责，私人产品由私人部门提供。不过，介于公共产品与私人产品之间的准公共产品或混合产品，多数由政府提供，也可以由私人联合提供。

第二，由于政府存在失范，政府亦需经济法调整。政府干预市场并非总是适当的，政府过度的干预市场亦会产生失灵。因此对于干预市场的政府亦需实行干预，以干预政府之经济法实现对政府行为的约束，使政府在授权与限权的前提下，适时适当干预市场。

2. 公共产品供给理论对公益用地取得方式的解释

第一，公益用地性质归属公共产品性质。

公益用地承载着公共利益，具有公共产品的特征。所以公益用地中“公共利益”不能像私人利益那样根据个人偏爱进行数量上划分，具有效用不可分性；公益用地取得中“公共利益”具有共享性，各利益主体都有权不被排除在公共利益受益范围之外，具有非排他性；公益用地取得中各主体对公共利益的享有不应减少或剥夺其他主体对该利益的享有的机会，具有非竞争性。因此，可以依据公共产品的界定方式，判断取得的土地是不是公益用地。由此，笔者将公益用地性质界定为公共产品，将公益用地相应分为纯公益用地和准公益用地。政府作为公共产品的提供者，当然负有提供公益用地的职责。

第二，公益用地取得是公众参与实现公益的过程。

公益用地是承载公共利益的公共产品，公益用地使用以满足公众的需要，因此为了实现“公共利益”的最大化，保证公众参与到公益用地取得行为过程中。必须依靠科学的公益用地取得方式，科学界定审查公共利益，充分保障原土地权利人的知情权、参与权等基本权益，防止公权滥用，以真正实现公共利益需求。

第三，政府是公益用地的提供主体及生产主体。

公共产品具有的特征决定其不能有效通过市场机制由企业或个人提供，主要由政府来提供。土地属于公共产品，政府负有提供的主要职责。另土地资源属于稀缺资源，市场竞争者相对较少，市场供给主体十分有限，因而容易出现垄断，进而形成不完全竞争。市场主体考虑的是局部利益、短期利益等个人利益最大化，难以实现土地资源的有效配置。因此，作为公共产品的公益用地凭靠市场主体是无法实现的，土地分配、提供主要依托政府。土地的重大利益性分配，必须由具备公平和法定效力的政府完成。公益用地取得由政府完成可以实现政府的社会管理和经济管理职能，既能实现社会公平、秩序和稳定，又能弥补市场的缺陷，进行宏观调控，有效配置土地资源。

公共产品的供给环节包括生产、提供两个环节，公益用地的取得属于公共产品的生产环节，取得公益用地亦属于国家主权范围，因此必须由政府来做：一是只有政府才能把取得的土地真正用于公益目的；二是只有政府干预土地取得，才能使城市发展和规划有序进行。

第四，公益用地的取得应兼顾政府与市场方式。

公益用地的属性特征决定了它无法靠单一方式解决其取得问题，市场与政府均会出现失灵。公益用地取得要兼顾政府与市场的双重优势，兼顾效率与公平，避免各自的不足，最终实现公共利益。

（二）新公共服务理论

1. 新公共服务理论内容

新公共服务理论是在对新公共管理（New Public Management，NPM）理论之精髓的企业家政府理论缺陷批判与反思基础上形成的一种新的公共管理理论，被认为是后新公共管理论内容。新公共服务理论所倡导的是将公民置于治理系统中心，服务是公共行政与公共管理的本质。应该建立明显具有完善整合力和回应力的公共机构，公共管理者在其管理公共组织和执行公共政策时应该集中于承担为公民服务和向公民放权的职责。

新公共服务理论的基本内涵有：服务是政府职责、政府追求的主要目标是公共利益、战略的思考，民主的行动、公共利益源于对话协商、重视公民权和公共服务。

2. 新公共服务理论对公益用地取得方式的阐释

第一，政府定位为服务角色。

政府是公益用地的生产者、供应者、服务者。新公共服务理论明确提出，政府的职责是服务，并非掌舵者，更非划桨者。在公益用地取得过程中，政府应是公益用地生产者、供应者、服务者，并非裁判者、执行者。政府只有退出土地利益攸关者的地位，才能保持中立，才能更好地服务。

政府是公民自由权利的保护者和公共利益实现的代表。公共行政官员并不是其机构和项目的业务所有者，政府为公民所有，政府应还权于民。政府的产生是基于公民的同意，公民受政府控制的前提条件是政府不违背保障其自由权利和公共利益的契约内容。政府的权力必须受制于保障公民自由权利的特殊目的，才能享有接受公民服从的资格。公益用地取得过程中政府作为公益用地生产、供应主体，只有在公众一致同意的条件下，运用市场抑或强制性的手段，竭尽全力最大化实现公共利益，个体利益才会服从服务于政府的“要求”。但政府自始抛弃公共利益实现与个体利益保护，公众即可罢黜政府。

第二，保障私人利益前提下追求公共利益。

公共利益是目标而不是副产品，是管理者以及公民共同的责任。在公益用地取得过程中既要满足公共利益需求，又要保护私人土地财产权益，孰先孰后成为永恒的话题。按照新公共服务理论对于公平的要求和对公民权中心的重视，对于私人权利自由的保护和公共利益的实现先后问题自不待言。故而，公益用地取得过程中，无论方式的选择、执行，还是对取得方式的监督、权利救济，都应以保护原土地权利人的合法权益作为前提。只有充分尊重、保护、救济原土地权利人的合法权益基础上，才能进一步追求和实现公共利益的需求。

（三）交易成本理论

1. 交易成本理论内容

交易成本理论又称交易费用理论，最早由斯密提出，历经科斯、威廉姆斯等的研究拓展为成熟的经济学理论。交易成本是市场机制运行的必然产物，这些成本主要是寻找对象与其订立合同，执行、洽谈、监督交易等方面的支出，包括搜索、谈判、签约与监督等成本。[①] 交易成本理论认为，企业和市场是资源配置的机制，两种机制可以相互替代。因为市场交易费用会因有限理性和机会主义的存在而高昂，出于节约交易费用考虑，企业会作为新型交易形式来代替市场。交易费用会出现升高的可能，这也是企业存在的原因，企业采取多种组织方式的最终目的就是降低交易费用。[②]

2. 交易成本理论下政府与市场的角色要求

第一，低交易成本时，应发挥市场机制配置资源的效率优势作用。

交易成本越低市场越能依靠其自身发挥作用，实现资源最

① 参见李玉虎：《论交易成本理论与经济法的调整对象》，载《兰州商学院学报》2001 年第 4 期。

② 参见 http://baike.so.com/doc/5429921.html，最后访问日期：2018 年 5 月 4 日。

优配置。因此,在交易成本趋近于零的情况下,市场能够实现“帕累托最优”。国家或政府干预的权利配置与资源配置效率无关或无作用。私法自治规则能够使市场主体通过自由自愿的谈判达成交易,实现资源配置效率。在公益用地取得过程中,政府作为市场交易主体能够通过自愿平等、公平竞争的市场方式与原土地权利人自由自愿谈判达成交易,实现公益土地取得效率,实现“帕累托最优”,强制性取得方式并不起作用,也无效率。

第二,高交易成本时,适时发挥政府干预市场的作用。

在高交易成本条件下,单靠市场机制矫正外部性会导致市场在资源配置中的低效率或无效率,出现市场失灵。此时,国家或政府通过干预权力配置降低交易成本,努力实现帕累托最优。政府交易成本可以分为协调成本、信息成本与反腐败成本。但国家干预经济时,也会产生以行政成本为主要内容较高的交易成本,因此增加了自由交易障碍而致使政府失灵。在公益用地取得过程中,市场方式的交易成本高,无法实现公益用地取得,政府通过强制性方式有效排除负外部性,实现取得效率。政府为了降低市场交易成本,通过法律手段来调整、干预市场经济关系。交易成本理论下,理想的法律制度是使交易成本最小化而效率最大化的市场规则。因此,通过要求设立经济法上的干预规则来规范干预行为,使交易成本尽可能降到最低。

在交易成本较高的情况下,可能出现政府与市场失灵,原因在于交易成本的失控。要维持市场的高效运行并且严格控制政府行为，关键在于交易成本的控制。要实现交易成本降低就要发挥政府与市场的各自优势，适时调整市场与政府的权重关系：（1）市场和政府可以互相替代、弥补，采用不同的运行规则。市场采用私法自治、平等、协商等交易机制；政府采用强制干预，权力配置资源的方式。（2）在权衡交易成本的情况下，交易成本是选择政府或者市场方式的标准。（3）政府干预市场失灵时，始终以市场方式下的交易成本为限，亦即政府干预的交易成本不得高于市场交易成本。

二、法学理论

（一）公法私法融合理论

1. 公法私法融合理论内容

公法与私法并非截然对立，进入20世纪两者开始相互渗透融合，出现私法公法化和公法私法化趋向，且以公法私法化为突出特征。由于市场机制与宏观调控机制的耦合，公共利益与个体利益的趋同，公法与私法的调整手段相互结合。私法的本位由单纯的个人本位向兼顾社会本位转变，私人利益服务于公共利益，国家加强对私权的干预。公权的本位由权力本位向权利本位转变，公权力由单方向双方、由强制向自愿合作方向发展，私权得到充分的尊重和关照。

第一，平等理念植入公法法律关系。

私法以自愿、协商、互利和平等为核心要素，私法与公法融合就是把私法的核心要素植入公法的法律关系之中，且该种平等并不以权利义务对等为必要条件，建立新型的公法法律关系。一则必须弱化权力，使权力权利化；二则必须强化权利及其功能，使权利监督制度化和独立化。[①]

第二，公权力向非强制或弱强制嬗变。

由于采用私法的平等理念，在公共利益与个人利益趋同过程中，公法私法化要求是：(1)公权力权利化。传统公权不再以单方意志、强制性方式运行，强制性的公权力应削弱甚至消弭，以弱权力取而代之，甚至最终实现非权力的行政行为。行政主体在平等型法律关系中所享有的是公权利而不再是权力，公权力权利化。强制性公权力只能是为达成公共目的国家抑或政府在迫不得已时使用，其行为从某种程度上说具有最后适用的谦抑性。只有在权利主体按照私法关系尚不能达成公共目的或秩序时，公权力才介入予以保障。[②](2)政府与个体不再是不对等的行政法律关系，代之以自愿、协商、平等为基础的行政合作关系。(3)权利优先。在公权与私权关系中，权利是第一位的，权利应充分受到权力尊重，因此强制性公权力在权利面前，应当优先实行平等协商。

第三，政府蜕变为适时依法干预的有限政府。

政府并非是克服市场失灵的良药，政府也会由于干预过度产生失灵。因此，公法私法化要求：(1)政府缩限职权。政府应

① 参见柳砚涛、刘宏渭：《行政法的嬗变：由公法到公私法合一》，载《甘肃政法学院学报》2006年第6期。

② 参见柳砚涛、刘宏渭：《行政法的嬗变：由公法到公私法合一》，载《甘肃政法学院学报》2006年第6期。

缩限权力范围、权力能力、权力强度，使政府在合法、合理的框架范围对私权进行依法适度干预。私法和私法手段使政府首先定位在与个体利益平等的法律关系中，应用私法的自愿、协商、平等、合作等独特内涵践行有限政府理念的要求。(2)政府职权职责化。首先，政府要凸显职责本位。凸显职权要素中的职责本位，改变传统职权中心主义，以义务、责任为职责本位。其次，弱化政府权力支配力。改变秩序语境下的权力支配力为自由条件下的职责驱动力。最后，着重职责驱动。职责驱动的结果是职责本位的行政行为可以减少行政职权权利自由度，使权力有所羁束，符合公共利益和福利国家的要求。

2. 公私法融合理论对公益用地取得方式法律制度的规范作用

第一，土地私权益因公共利益被赋予社会义务。

土地私权益在公共利益存在的情况下，因为公法调整所辐射的影响，不再强调自由、协商、合意，为体现对公共利益的配合，私益应让位于公益，此时代表私人财产权益的土地权益被赋予了社会义务。作为公共利益的广泛意义上的受益者，原土地权利人亦能通过自我的让步满足对公共产品的需求。

第二，公益用地取得以私法平等协商为核心。

作为对私权益让步屈从的回应，公益用地取得过程中，不再限于公法调整的单一方式，开始运用私法的自由、协商、平等、合意的理念。在实现公共利益的过程中，以最大化保护私权益、降低对私权益损害为调整原则，以平等协商的私法的调整方式降低公法调整所带来的不利影响。

第三，强制性取得方式适用应以尊重私权为前提。

在公法私法化的语境下，公权力应褪去强制性色彩，真正从代表公共利益的角度，还原和善亲民的本质，在手执公共利益任务之时，应先尊重私益，因为尊重私益亦是在维护公益。所以，在公益用地强制性取得方式适用时，应以土地合法权益的尊重为前提。如果能用非强制性的方式，强制性的方式应退守观望，不宜介入。即使在非他而不能的时候，也应尊重私权，造成实质性损害应对价补偿。

第四，政府在授权与限权的条件下适度干预。

公法私法化既然要求平等、协商、合意，实际上从反面来看就是限制公权力行使的范围。政府作为公权力的行使主体，当然应在限权与授权的条件下适当行使，这也正契合了政府干预理论。政府只有缩限权力，在公众授权下行使权力，才能保证私法精神下的平等、协商、合意实现。因此，公益用地取得方式中，强制性方式的限制，体现为对政府权力的限制，政府只有在适当的时机，经过公众授权方能真正代表公共利益。

（二）物权权能分离理论

1. 物权权能分离理论内容

现代物权权能理论以社会物资的优化配置和利用为基础，从所有为中心向利用为中心转变，认为所有权的权能可通过设定他物权或其他形式同作为所有权的整体实现部分或全部分离。物权分离是所有权不转移，分离后所有权人仍享有所有权，他物权人在一定范围内行使部分或全部所有权，当条件满足后他物权解除，所有权复归圆满。[①] 物权分离所有权人并不丧失所有权，分离的目的在于实现从所有到利用的转变。

分离理论解构了所有权构成及分离他物权。所有权可以具体分解为占有、使用、收益和处分等权能，因分离设定成他物权。所有权权能分解为占有、使用、收益和处分权能，因权能一部或全部转移而生成他物权，包括用益物权和担保物权。用益物权是非所有权人对他人之物所享有的排他性的权利，包括占有、使用、收益的权利，如土地承包经营权、建设用地、宅基地、集体土地及国有土地使用权。[②] 担保物权是出于确保债权为目的而设定的权利，权利内容主要以财产的交换价值为体现。

2. 物权权能分离理论对公益用地取得方式的规定

现代物权权能理论是基于物资的优化配置和利用为基础地位来构建的，公益用地正是土地利用中的重点环节，亦应遵循物权权能理论的规范与指导。重点体现出物权从自物向他物，从所有权向使用权，从财产的静态归属到动态实现的转变。

分离的他物权成为公益用地非所有权权属转移取得方式的多元客体。按照现代物权权能分离理论，物的利用应以利用的效益和优化配置为重心，公益用地取得的客体就不再局限于所有权权属的转移，而是转向占有权、使用权、收益权、处分权等权利的转移或设定地役权、租赁权等权利为内容。实物形态的

① 参见秦伟、杨占勇：《论所有权及其权能分离的双向性》，载《东岳论丛》2011 年第 4 期。

② 承包经营权并不是严格的法律用语，在未来的用益物权立法中应当尽量避免使用。

土地脱离土地所有权人的实际控制，以他物权的形态为公益用地单位所支配和控制，土地所有权人分享一定的经营利益。公益用地不必一定通过购买、征收、收回土地使用权而取得，可以通过征用土地使用权、设定公共地役权、管制征收、租赁权等不转移所有权方式获得。通过他物权的限制和转移可以节约成本，提高公益用地的取得效率。

第三节　代表性国家和地区公益用地市场取得的制度验证

一、代表性国家和地区公益用地取得方式的制度样本

国外公益用地取得并非单一方式进行，而是既包括市场的方式，又包括强制性的方式。为严格保障财产所有权，充分表达原土地权利人意愿，土地取得的方式多以市场协议购买方式为主，协议购买是公益用地取得的前置程序。但为保障公共利益最终实现，征收（强制性购买）、优先购买等强制性方式是最常被使用的保障方式。代表性国家和地区公益用地取得方式虽然不尽一致，但从总体上看是对公益用地取得方式选择模型的实际印证和检验。

（一）完全市场化的取得方式

完全市场化取得方式是政府抑或公共事业单位为取得土地，与原土地权利人以公平市场价格为交易或补偿基础，充分考虑原土地权利人的土地投入、土地的现在和将来用途以及衍生的相关损失、损害，按照土地市场的估价原则、补偿标准，严

格遵守市场交易规则，土地协商的价格最大限度考虑到土地所有者的利益，同时有效遏制了强制性公权力滥用，从而有利于土地资源的优化配置。

1. 平等协商购买所有权

基于对财产权利的保护、取得成本以及利用规划考虑，协商购买方式是各国公益土地取得常用方式。

英国、美国虽然规定了严格的土地强制性购买制度，但在实际应用中却异常少见。政府作为公益用地取得者必须尝试和土地所有者通过协议购买的方式取得土地，除非双方无法达成购买协议政府才能动用征收方式。① 在征收前能与土地所有者经过平等协商谈判达成购买协议是政府最佳的选择，因为采用强制性征收会带来巨大的取得成本并且影响城市规划进程，公益用地取得诉累制约而周期漫长。② 所以，一般情况下政府或公益用地单位会选择高于市场价格平等协商购买的方式取得土地。需要土地的用地者（英美征地者包括政府机构、地方政府或其他公益征地者）向政府提出用地申请，并向原土地权利人发出通知，以公平市场价格为基础兼顾该土地的当时最高、最佳用途价值提出购买价格。③ 征收征用的实质是强制性买卖，被征收征用人在强制买卖中丧失的是意识自治，而不是财产权，

① 参见陈小君：《农村集体土地征收的法理反思与制度重构》，载《中国法学》2012 年第 1 期。

② 参见庞建广：《论我国地方政府土地征收的法律限制》，上海交通大学法律系 2007 年硕士学位论文，第 37 页。

③ 参见许迎春：《中美土地征收制度比较研究》，西北农林科技大学法律系 2011 年博士学位论文，第 73 页。

所以就必须对被征收征用人的财产损失按市场价格予以公平补偿。[①]英国购买的土地价格以市价为基础，包括土地的主观性价值和客观性价值，充分考虑了因征地所带来残余地分割损失、迁移损失、租赁权损害、临近地损害等各种补偿。美国的土地价格也是以公平市场价格为基础，但对于主观性价值不予考虑。政府接到申请听取原土地权利人意见，意见一致则平等协商达成。若原土地权利人不同意协商价格，两国做法稍有区别，英国政府组织听证会，如果裁决同意征收申请，政府签署强制购买令，采用强制购买方式。[②]美国的做法则是政府作为征收者将案件诉诸法庭，由法官、陪审团或委员会来确定土地价值，如原土地权利人不同意，政府就会申请征收。[③]

英国和美国的土地协商购买制度表明，平等协议购买为申请征收的法定先行程序，其本意在于限制公权对私权的干预，最大限度减少动用土地征收方式，同时亦可以降低行政成本。因为行政成本的衡量也是平等协商购买方式与土地征收方式的抉择标准。协商价格过高，用地单位可申请动用征收；行政成本过高，用地单位宁愿选择协商。所以往往交易价格比政府的评估价格要高，但原土地权利人又不能获得太高的土地价格，因为价格过高用地单位可以选择征收。这也是公益与私益的最佳平衡状态。市场的因素充分体现在公益用地的取得过程中，

① 参见沈开举：《论征收征用权》，载《理论月刊》2009 年第 2 期。

② 参见杨忠翻：《中英土地征用制度比较研究》，载《品牌》2013 年第 9 期。

③ 参见许迎春：《中美土地征收制度比较研究》，西北农林科技大学法律系 2011 年博士学位论文，第 74 页。

这样既能充分尊重土地所有人及其相关权利人的财产权，调动卖地者积极性，同时也减少了抵抗，满足公共利益需要，实现私人利益与公共利益的帕累托最优。

另外，在成片取得公益用地时，为了防止土地所有者进行战略性的抵抗、漫天要价和降低取得土地的行政成本，欧美国家政府或公共团体采用了授权第三方作为购买代理（purchase agent）进行秘密购买的方式来取得公益用地。如瑞典、美国和加拿大某些城市，公益用地取得政府都在秘密状态下进行，以此来保证征收权和优先购买权的行使。[①] 秘密购买的最大优点在于可以避免错误流转的风险，克服土地所有者夸大他们对征地的预期效益，消除战略抵抗。秘密购买适用于战略抵抗，但对于诚实的抵抗、特质所有者的抵抗、双边垄断未必适用。因为秘密购买是面对众多土地拥有者，为节约谈判成本而适用的，对于特质所有者和单一所有者未必能发挥其功效。[②]

2. 土地集中区的产权安排方式

土地集中区制度（Land Assembly District）是近几年美国对于不断扩张的土地征收制度改革的一种新举措，由美国法学家海勒（Michael A.Heller）和希尔斯（Ricky Hills）提出的一种新的产权制度。[③] 土地所有者通过多数票有权批准或不批准出

---

① 参见王家庭:《土地储备制度运行的国际经验及其借鉴》，载《上海房地》2006 年第 2 期。

② Heller, Michael A., and Rick Hills, “Land Assembly Districts”, *HARV.L.REV.*, 2008, p.31.

③ Heller, Michael A., and Rick Hills, “Land Assembly Districts”, *HARV.L.REV.*, 2008, p.31.

售他(们)社区的土地给一个寻求整合成一片土地的开发商或市政。在土地集中区范围内根据每一个所有者分享的土地,按比例分配投票权。有多数人的同意,土地集中者就可以获得整个地区的所有权,土地所有者可按照所占比例获得他们的期望值。如果没有多数同意,所有者保留他们的土地。无论是需求土地的集中者,还是土地集中区都不允许使用土地征收方式。①土地集中区适用条件:一是土地集中区的成本要小于土地征收成本。二是仅涉及分散的土地,而不是唯一的土地。土地集中区产权制度的有利之处在于克服了征收带来的抵抗问题,减少了不良转让的风险,让所有者分享集中的盈余。②

3. 拍卖取得方式

在涉及征集大片土地时,面对土地征收的局限,美国司法实践中用不同类型的拍卖机制来克服抵抗的问题,以达到集中土地的目的,实现土地征收功能同样的成效。通常情况下,这些机制的目的是促使现有所有者透露自己的真实估值,从而促进社会理想的集中。拍卖的方式主要有“SP”和“VCG”两种。“SP”拍卖机制是将有关财产作为一个整体的单一拍卖,各财产所有者在一个划定的区域内被要求提出原土地权利人自己的财产所需的最低价格。“SP”拍卖促使每一个土地所有者陈述他们拍卖储备的首选值,相当于他们给自己的财产预定价格,除

① Heller, Michael A., and Rick Hills, “Land Assembly Districts”, *HARV.L.REV.*, 2008, p.31.

② Heller, Michael A., and Rick Hills, “Land Assembly Districts”, *HARV.L.REV.*, 2008, p.32.

以拍卖所得的份额。拍卖也需要一个秘密的储备，以便“如果中标，集中的土地将出售，至少足以支付所有者个人财产上的预设价格”。“SP”拍卖提供了一个用以确定政府是否使用土地征收方式的测试，“SP”拍卖方式实际上是“产生的利益大于成本，包括本地外部性”。[①]“VCG”拍卖是一个中枢机制，本质上是一个维克瑞—克拉克—格罗夫斯（VCG）拍卖，是一个暗标拍卖，通过控制各强加给其他投标人的损害，以社会最优的方式分配权利。[②]拍卖方式是对谈判问题创新的解决方案，可以克服因为估值困难、二次寻租和管理成本等土地征收问题的不完美。[③]

4. 租赁取得方式

一般情况下，租赁取得公益用地方式下土地归属国有，不用进行权属转移，公益事业单位直接租赁国有土地实现公益目的。芬兰是租赁取得型比较典型的国家。植根于芬兰国家及公民的土地社会所有的观念，使芬兰的大部分土地归属公有。芬兰的公有土地实行租赁制度，对于住宅、商业、工业建设用地以拍卖、协议方式进行出租，而对于公益用地的取得只需象征性

① Daniel B Kelly, 2011.Acquiring Land Through Eminent Domain: Justifications, Limitations, and Alternatives.*Research Handbook on the Economic Analysis of Property Law*(Kenneth Ayotte&Henry E.Smith, eds., Edward Elgar 2011), pp.30-32.

② Daniel B.Kelly, 2009b.Pretextual Takings: Of Private Developers, Local Governments, and Impermissible Favoritism, SUP.CT.ECON.REV.17, No.1, February 2009, p.37.

③ Shavell, Steven, “Eminent Domain versus Government Purchase of Land Given Imperfect Information About Owners' Valuations”, *Nber Working Paper Series*, 2010, pp.154-155.

地支付少许地租或零地租，以鼓励其提供社会需要的有益服务。如果公益用地选址是正在租赁中的土地，政府出于公共利益而不得不中止租约时，可以与承租人协商购买方式转移土地权利或者采取强制性购买的方式。对于因公共用途提前终止租约、政府收回土地的，给予承租人以及地上建筑物公平市场价格补偿。①

芬兰的租赁型公益用地取得方式充分尊重和维护地上建筑物所有权人权益，有效率地进行公共用途的土地配置，通过因公共利益放弃的租金收益，显化了公共事业发展的真实成本，可以优化土地供给结构，避免闲置浪费。

在各国公益用地取得过程中，政府作为公权力的执行者并没有直接利用公权，而是以民事主体平等协商的方式进行。政府隐没公权力因素同原土地权利人平等协商、谈判，给予原土地权利人公平市场价格的对价或补偿，使公益用地交易构造成适用私法而非公法规则，遵循合同法的一般规则，将土地作为私权流转。显然，这一公法私法化的构造，更多是出于公益用地的取得效率和法律适用上的合理性等“工具理性”的考量。在所欲实现的公共利益目的和强制性的政府公权力单方运作上并无区别，但至少在效果上体现不同。事实上，正因为如此之制度设计，减少和避免了抵抗，保护了私人合法权益，降低了取得成本，实现了公共利益。同时作为对公法私法化的回应与促

① 参见张立彦、李银生:《芬兰公有土地租赁制度的特点与启示》，载《改革与战略》2009 年第 11 期。

进，这些国家公权力直接干预的手段适当介入和行使，排除原土地权利人对平等协商的妨碍，限制原土地权利人自由选择的范围以实现公益用地取得。

（二）准市场化取得方式

1. 强制所有权转移

为了实现公共利益，在市场方式无法取得公益用地的情况下，各国家和地区无一例外地选择公益用地强制性取得方式来保障公共利益实现。因为公权力的适用具有不同程度的强制性，对于注重程序法的国家来说，大多以程序的公正来改造制约公权力，保护私人利益。所以，为防止权力滥用，在适用强制性方式时主要考虑权力如何合法依规行使。因此，除对公共利益严格界定之外，还对公共利益进行程序性规范和司法审查、判断。目的是使公益用地在合乎立法规定和司法审查的状态下实现公共利益的表达。

（1）政府强制购买所有权

作为协调私人利益与公共利益的必要手段，政府强制性购买所有权（征收）是各个国家和地区取得公益用地的典型保障性方式。强制性主要表现为公定力、确定力、拘束力和执行力等行政强制行为范畴。与一般土地交易不同，强制性购买属于特殊的土地交易范畴，与我国的土地征收、征用制度也有本质的区别。我国台湾地区强制性购买被称为土地征收或土地征用，我国香港特别行政区称为官地收回。国外比较典型的有英国、美国，它们均是在严格的土地规划制度下进行土地征收。

虽然英国是土地私有制国家，但因公益需要征地机关也得通过协商购买的方式取得土地。但基础设施建设（如铁路、船运）需要征用大量土地时，政府通过土地征收实现。英国法律虽未将强制性购买的目的明确规定限制在公共利益上，而是通过严格的程序保证强制性购买的合理性。[①] 在英国，土地征收称为强制购买制度（compulsory purchase），包括对土地及其上不动产的强制购买，有比较完善的法律制度体系作为公益用地取得的依据，《强制取得土地法案》是英国土地强制购买的法律依据。[②] 英国强制购买制度由合意购买与强制购买两个程序衔接而成，先从私法角度进行常态购买，由购买方（acquiring authority）发出要约，通过政府提出公益用地申请，政府征询被买方（原土地权利人）的意见，以被购买方（acquired party）发出承诺为达成。双方如约履行义务，常态购买终结。但如果交易一方未能如约履行合同义务，则可能导致强制性的非常态购买的启动。按照《强制购买法案》的规定，强制程序可由出售人（原土地权利人或地上不动产所有人）的瑕疵履行而启动。如果购买者清偿补偿后，原土地权利人出现不履行或怠于履行契约，征地者有权向法院提存补偿款，执行单务契约，此时

---

① 参见刘晶、朱道林、林瑞瑞、谌业美、黄润龙：《英国土地强制购买制度及其启示——基于典型案例的分析》，载《世界农业》2012年第9期。

② 英国的公益用地取得法律制度主要有1961年《土地补偿法案》（The Land Compensation Act 1961）、1965年《强制购买法案》（The Compulsory Purchase Act 1965）、1981年《土地取得法案》（The Acquisition of Land Act 1981）以及2004年《规划与强制购买法案》（Planning and Compulsory Purchase Act 2004）。

土地及地上不动产归属购买者。这种补偿款提存(deposit of compensation)以及单务契约制度(execution of deed poll)也是强制性购买程序启动的标志。购买者在向土地相关权利人下达通知后,可以获得合法进入权。如果在获得合法进入占有条件下,原土地相关权利人进行阻止,购买方可向治安官发出授权令,借助治安官的力量强制进入实施。土地强制进入制度(entry on the land)标志程序完结。[①] 原土地权利人对强制性购买有异议可向独立于政府之外的规划监察署和土地裁判申诉。[②] 虽然购买具有强制性,但当涉及土地的价格协商时,政府遵循市场要素来与原土地权利人确定补偿价格。土地补偿通常包括失地补偿(按照土地原用途市场价值并兼顾近期潜在的用途)、残留地贬值补偿、干扰补偿(资产商誉损失、搬迁成本、情感伤害)、谈判阶段原土地权利人所支付的应付征收的费用(测量费、法律服务费用)。[③] 英国强制性购买部分土地时,不仅考虑了因为强制性购买造成的土地贬值,而且也将强制性购买带来的正外部性增值变化考虑其中,在谈判协商时按照"抵消原则"处理。

为了公共利益的需要,美国通过警察权(police power)和

① 参见徐文:《合意与强制:论集体土地征收三大难题的破解——以英国土地强制购买制度为视角》,载《学术界》2013 年第 7 期。

② 参见 Office Of the Deputy Prime Minster.Compulsory purchase and Compensation-Compensation to Agricultural Owners and Occupiers.(2004-10),载 http://www.odpm.gov.uk/index.asp? id=1144816,最后访问日期:2014 年 1 月 14 日。

③ 参见徐广才、康慕谊、赵从举、冯文利、赵斌:《英国强制征购土地的补偿制度及其借鉴》,载《中国土地科学》2007 年第 1 期。

征收权(eminent domain)两种方式直接对私人财产权进行限制。警察权不改变财产所有权归属，是对财产所有权的限制，也无须补偿。而美国的土地征收是在符合土地利用规划的前提下进行的，是对原土地权利人所有权的剥夺，所以须符合公共使用(use by the public)、程序合法(legal procedure)、公平补偿(just compensation)三个条件。[①]公益用地取得必须服从公共利益，只要经过充分论证足以证明政府的建设用地项目是为了公共利益，土地的所有者就应当将土地出售给政府。[②]为防范私用征收的泛滥以致公权对私权的过度侵犯，美国法律重视对强制性购买的控制。强制性购买方式并非是公益用地取得的唯一方式，一般情况下公益用地多以协商购买方式取得，而只有在项目用地符合重大公共利益且原土地权利人严重阻碍了公共利益实现时，才动用强制性购买方式。[③]美国的强制性购买方式取得的土地价格，遵循市场价格的评估标准，"合理补偿"仅相当于被征收财产的市场价值(market value)，而对于主观价

---

① 《美国联邦宪法第五条修正案》规定："没有合理补偿，私人财产不能以公共使用的名义被征收。"

② 参见高建伟：《美国土地征收中的"公共利益"》，载《美国研究》2011年第3期。

③ 美国历史上因为公共利益而实行强制性购买的判例，也标志了美国界定"公共利益"的扩大解释的历史演进，从最初的"公共使用"解释到现在的"公共目的"。标志性的判例如1885年赫德案(在"公共使用"范围内扩大解释)、1896年布拉德利案(首次提出公共目的的解释)、1916年亚拉巴马州际电力公司案、1936年穆勒案、1945年伯曼案(标志"被公共使用"彻底解释为"公共目的")、1981年波兰镇案、1984年米德基夫案、2005年凯洛诉新伦敦市案(征收权合宪性争议推向高潮)。See Daniel B.Kelly, "The "Public Use" Requirement in Eminent Domain Law: A Rationale Based on Secret Purchases and Private Influence", *CORNELL L.REV.*, March 9, 2006, p.7.

值损失则不予补偿。政府以土地的市场价值补偿与土地所有者协商，在宪法的严格保护下，政府谨慎适用征收权力，美国也因此成为世界上土地征收补偿制度最为完善的国家。但美国公益用地取得过程中的谈判协商失败主要是对主观性价值不予补偿所致，这也是特质所有者抵抗的原因，如对土地的特殊情感。[①]例如，凯洛案中，就没有考虑该土地及房屋对于所有者的主观价值（该土地及房屋寄托了主人60余年的情思和依恋）。[②]另外，美国规划实施过程中对土地利用人附条件许可实现公益用地取得。如规划委员会出于公共利益考虑，要求土地开发商捐献部分土地用于兴建公路、学校、供排水等公共设施。

目前，我国香港特别行政区的土地征收可因政府启动或私人启动，通过两条路径来实现。应对公共项目与商业开发采用不同的规制方式，适用不同的土地使用权收回规范机制。一条路径是依据《收回土地条例》（香港法例第124章）为政府工程而进行的土地征收。这一土地收回程序由行政机关主动启动，采用的是行政程序。《收回土地条例》一方面对于因军事、交通、公共医疗引起的土地征收采取列举的方式对公共利益作出限定；另一方面授权行政机关宽泛的自由裁量权，通过适用行政征收程序保证公共事业的顺利进行。另一条路径是为了私人发展业权而采取的土地强制征收。这一强制售卖程序由私人提

① Daniel B.Kelly, "Acquiring Land Through Eminent Domain: Justifications, Limitations, and Alternatives", *Research Handbook on the Economic Analysis of Property Law*, Kenneth Ayotte&Henry E.Smith, eds., Edward Elgar, 2011, p.23.

② *Bauman v.Ross*, 167 U.S.548(1897).

起申请而启动,采用的是司法或准司法程序。对于因旧城改造、城市规划引起的房地产开发,公权力有限介入。开发商首先通过平等的协商、谈判获得旧物业90%以上的产权,然后才可以作为旧物业所有人申请强制性公权力的介入,通过强制售卖整个物业进而获得重新发展。而对于因商业性的非公益性的土地开发等引起的用地需求,政府的征收行为不介入。[①]

强制性购买制度虽然也具有强制性,但其行使是在充分尊重土地私权及原土地权利人意愿的基础上进行的,是合意购买不成情况下的后置保障方式。完善的程序性规定能够有效地遏制强制性征地权的滥用,为原土地权利人的合法利益提供制度性保障。公益用地取得坚持的是基于公共利益价值判断的社会选择,这种判断不仅体现了公平正义,而且又是效率的象征。平等协商充分体现了原土地权利人的财产所有者地位,政府公权力在私有财产面前起到了维护和保障作用。强制性购买方式使私人财产权利屈从、让步,保障公共利益实现的同时凸显了效率。

(2)政府优先购买所有权

政府土地优先购买权制度(the priority of the land firstly brought)于1896年起源于荷兰,瑞典1967年颁布了《优先购买权法案》,[②]法、日、德等国家也相继实行。当土地所有者决定

① 参见《香港土地使用权收回制度的启示》,载http://news.9ask.cn/fcJf/fanben/zhuanrang/ 201205/1683097.shtml,最后访问日期:2014年12月9日。

② 参见王家庭:《土地储备制度运行的国际经验及其借鉴》,载《上海房地》2006年第2期。

将其土地出卖时，政府享有优先购买权，能够优先于开发商从土地所有者手中购买土地来解决公共福利事业用地。政府土地优先购买与强制性购买（征收）作为公益用地的取得方式，具有主体、客体、目的上的共同性，但两者存在强制程度、实施程序、行为结果方面的本质差异。在强制性程度上，优先购买不如强制性购买强制程度强，政府优先购买方式选择具有双方自愿协商性，而强制性购买具有单方意志决策性。只有在原土地权利人拒绝优先购买方式时，强制性购买或征收才启动。因为强制性购买是以公权力对私人财产权侵害为内容的行政行为，所以适用程序严格谨慎，以限权为核心。优先购买是建立在市场基础上的平等协商，适用较为灵活，以公平为目标。优先购买方式中政府所支付的是土地的对价，而不是赔偿。强制性购买是在公共利益需求条件下，因为追求卡尔多—希克斯效率最优对私有财产造成的损害而予以补偿。①

荷兰和瑞典两个国家土地资源缺乏，将为民众提供合理价位的土地、房屋和解决拥挤问题作为重大社会公共利益，土地银行（land banking 或者 public land banking）随之建立。②政

① 卡尔多—希克斯效率是指，第三者的总成本不超过交易的总收益，或者说从结果中获得的收益完全可以对所受到的损失进行补偿，这种非自愿的财富转移的具体结果就是卡尔多—希克斯效率。资源重新配置使一部分人的福利增加，同时又使一部分人的福利减少，并且受益者在充分补偿受损者后，其福利仍能有所改善。卡尔多 - 希克斯效率也被称为潜在的帕累托效率，只要受益者同意补偿就可以实现帕累托最优。

② 解决住房用地在一般情况下，是不能成为公共利益问题的。因为公共利益具有可变，发展性特点，随着社会经济环境、公众关切的切身重大利益变化，社会公共利益也在改变。对于土地资源紧张，居民居住条件上升为国家紧迫性问题时，亦可称为公共利益问题。比较典型的国家，如荷兰、瑞典、法国。

府收购土地归国有，并没有具体的目的，但总体的公共用途是社会公共设施建设。政府拥有先于开发商的因实施城市公共利益建设对土地的优先征购权，从而获得市政公共基础设施建设用地。然后，当福利性住宅和公益性设施需求用地时，政府将收购土地低于市场价租售给公益用地单位。[①]20 世纪 70 年代，荷兰投入开发的土地中超过 30% 是政府通过优先购买获得的土地。政府设立专门机构负责选地、购地，并给予原土地权利人合理的经济补偿。优先购买的程序一般是政府先出一个比较公平合理的价格通知土地拥有者，与其协商收购土地。如果土地拥有者不接受协商价格，则交由法院来确定土地的价值。因为政府拥有土地的优先购买权，所以在瑞典和荷兰的土地所有者在政府需要土地时，只能出售给政府，其他别无选择。[②]当然，除主要使用优先购买以外，如果政府与土地所有者在谈判无法达成购买协议的情况下，荷兰和瑞典法律规定也可以运用土地强制性购买方式。荷兰的住宅法律规定，在不违宪的情况下，对规划中土地均可以动用土地征收权，国家可以采取优先购买、土地征收等强制方式。[③]

法国最初运用优先购买方式取得公共土地是为了抑制土地投机，控制城市发展。法国政府首先根据土地整治利用计划，

---

① 参见陈伟：《瑞典土地银行经验及其对我国用地储备的启示》，载《广西经济管理干部学院学报》2005 年第 3 期。

② 参见蒋光辉：《瑞典、荷兰土地银行简介》，载《中国建设信息》2001 年第 15 期。

③ 参见黄睿：《我国政府土地优先购买权制度研究》，西南政法大学 2011 年硕士学位论文，第 15 页。

将城市土地划分为四个未来优先发展区用于基础设施建设。[①]政府对于该区域的土地具有优先购买权，价格应该被公众优先购买权和购买行为控制。[②]政府土地优先购买权行使要经过官方调查、公益性声明、邀约、协商价格四个步骤，在土地交易价格协商未能达成一致的情况下，可能会加入法院裁决的步骤。由于政府行使土地优先购买权时可能损害土地所有人的权利，因而在行使之前由省部长进行官方调查，调查项目用地目的是否符合公共利益的需要。官方调查完成后由法院签署法令进行政府优先购买"公益性声明"，因为优先购买是建立在原土地权利人自愿基础上的方式，所以政府对"公益性声明"不必像土地征收那样严格解释其公益性。但是，除了涉及国防建设等国家的重大秘密事项外，全程应接受社会和群众监督。[③]公益声明后，原土地权利人可以要求政府行使优先购买权买自己的土地，政府也可以主动行使。政府在主动行使优先购买权时，得满足原土地权利人自愿条件，否则就有强制性征收土地之嫌。一般情况下，由原土地权利人先提出土地交易价格，政府作为优先购买权拥有者可以提出异议，双方进行协商谈判。政府土地优先购

① 参见王家庭：《国外土地储备成功的经验及其启示》，载《南方国土资源》2005年第10期。

② 四个未来优先发展区包括：优先城市化区、敏感性地区、延期城市化区、土地干预区等区域。优先城市化区主要解决住宅基础设施用地；敏感性地区是为保护风景名胜而采取特殊措施的用地；延期城市化区重点保障地方政府对城市规划的实现和对自然空间的保护；土地干预区只能用于建立公共绿地或保留地，或进行社会公益性住宅和集体设施的建设，或针对建筑物或居住区的翻新。1985年7月法国《领土整治法》将土地干预区与延期整治区合并。

③ 参见于学花、栾谨崇：《国外征地制度的特点与中国征地制度的创新》，载《理论探讨》2007年第4期。

买权目的是抑制土地以投机价格转让，与土地征收相比，其独特性在于不会造成土地权利强制性转让。土地交易价格若未能达成一致，土地征收法官决定法定占有，裁定价格。

协议先买制度是日本的土地优先购买制度，根据1972年《关于推进公有地扩大的法律》的规定，协议先买制度是城市规划区内六种[①]特种类型的土地所有权人在转让土地前，应向当地政府提出申请，地方政府先通知有购买意向的公共团体与之协商，通知期间不得转让他人。[②]公共团体通过协议先买程序购买的土地必须用于公益事业。[③]日本同德国一样，十分注重市场的作用并尊重当事双方的主观意愿。公益用地取得过程一般是在当局的严格监视下进行，双方按照市场价格进行交易，土地协商的价格最大限度考虑到土地所有者的利益，只有在正常市场交易受挫时才动用征收方式。土地补偿范围广泛，包含土地

---

① 《关于推进公有地扩大的法律》规定特定土地类型包括：A. 在城市规划中，被确定为设施区的土地；B. 被预订为道路、河川、城市公园、飞机场、港口、高速公路、新干线铁路等项目发展用地的土地，以及建有名胜古迹或有自然纪念物的土地；C. 由都道府县地方政府指定的实施土地区划整备事业地区范围内的土地；D. 实施新城市基础建设事业地区范围内的土地，或进行住宅街区整备事业地区内的土地；E 绿化区内的土地；F. 市区内 2000 平方米以上的土地，市区外城市规划区内 5000 平方米以上的土地。参见黄睿：《我国政府土地优先购买权制度研究》，西南政法大学 2011 年硕士学位论文，第 15 页。

② ［日］关谷俊作：《日本的农地制度》，金洪云译，三联书店 2004 年版，第 122 页。

③ 《关于推进公有地扩大的法律》所列的公益事业包括：A. 根据城市规划所进行的城市设施建设事业；B. 根据土地征用法第 3 条各款所确定的有关设施建设；C. 城市规划法所确定的城市开发事业；D. 地方公共团体、地方公营住宅公司所进行的住宅建设与住宅用地开发等事业；E. 有关保护、管理名胜古迹或自然纪念物的事业。参见黄睿：《我国政府土地优先购买权制度研究》，西南政法大学 2011 年硕士学位论文，第 15 页。

自身价值和土地损失赔偿、附带补偿、残存者补偿、离职补偿、安置补偿及公共事业影响补偿。[①]

《德国建设法典》《德意志联邦共和国基本法》《德国民法手册》《德国土地交易法》等法律规定了两种优先购买权。一种是公益需要先买，在详细规划区内，唯有出于公共设施建设以及公益性建设的需要，政府才能行使先买权。[②]另一种是公益救济先买，如果城市规划或公共利益受到土地交易影响损害，政府采取救济性的土地先买制度，如影响公共利益，地方政府有权行使土地优先购买权，直至强行征购。实际上两种先买制度都是出于对公共利益的实现与维护。[③]

综合以上各国优先购买权制度，从优先购买制度的目的来看，基本上都是出于公共利益的目的考虑。对于荷兰、瑞典、法国是因为土地资源有限、居民住宅紧张抑或城市未来发展，使其成为当时条件下的“公共利益”。以公共福利为目标，原土地权利人的私人利益服从于国家公共利益的需要。优先购买之时并未有明确具体的公益项目，但其宗旨就是为了公共利益目的。日本和德国直接出于公共利益考虑，在严格的土地利用规划前提下，最大限度地保证公共利益而运用土地先买权。从先买权申请主体来说，以政府为主，同时出现了公共利益团体，这也

---

① 参见于学花、栾谨崇：《国外征地制度的特点与中国征地制度的创新》，载《理论探讨》2007年第4期。

② 《德国联邦建筑法典》规定：乡镇政府根据公共利益的需要，对公共建设规划区域内的私有不动产有优先购买权。

③ 参见纪丽娟：《土地一级开发模式研究》，西北农林科技大学管理系2008年博士学位论文，第34页。

是与土地所有的性质有关。土地公有为主的国家，政府是先买权的主体；土地私有国家，公共团体也可成为先买权申请主体。但不管是谁作为先买权主体，都是通过与原土地权利人协商的方式取得公益用地。这充分体现了为实现公共利益而进行的公权力去权化改造及对私有财产的尊重和保护。

2. 限制使用权的公共地役权

公共地役权取得方式是国家、政府为了公共利益需要而通过在他人不动产上设立地役权，对不动产权利人进行必要合理的限制或对抗第三人来实现公益用地取得的方式。基于实现公共利益的目的，而对私人财产进行合理的限制乃是各国立法之通行做法。如对毗邻机场的土地设定的限制建造其他构造物的“飞行地役权”，对公众航道及堤坝设定的禁止损害“公共通航权”，对文物环境保护禁止污染、建造而设定的“保护地役权”、对私人土地设定的允许公共管道铺设、公共电信线路架设的“通行地役权”，等等，都属于出于公共利益而对于个人土地权利限制的公共地役权。将公共地役权作为取得公益用地的方式，既可以顺利实现公共利益，又可以减少矛盾与对抗。比较典型的国家有意大利、法国、美国、俄罗斯。意大利将其称为“强制地役权”、法国叫做“行政地役权”、美国和俄罗斯称为“公共地役权”。《意大利民法典》对于像石油管道、电力设施等公共服务企业的建设所需公共用地，在不能通过地役权协议设立的情况下，以国家强制力设立地役权，以确保公共利益的顺利实现。[1]法国在公物理论的国家所有权观念背景下，出于公共秩序的需要设立公共地役权。《法国民法典》第 649 条规定：“法律规定的役权，得为公共的或地方的便宜，亦得为私人的便宜而设立。”[2]由于国家作为强制主体，在城市规划领域也采用公共地役权的方式取得军事、航空、通信等方面公益用地。[3]国家或政府既然将公共地役权作为公益用地的取得方式，就不能放弃从而违背公共秩序。《俄罗斯土地法典》第 23 条规定，在为了保障公共利益的需要，但又无须进行土地征收的条件下，应由法律设定公共地役权，设定公共地役权应进行听证并充分考虑其听证结果。在美国，基于公共信托理论（public trust doctrine）广泛设立公共地役权，除了为公共设施建设而设定公共地役权外，在文化遗产、自然资源与环境保护等领域也广泛设立公共地役权。[4]设立公共地役权的方式有强制设立、捐赠减税设立和协商购买设立。由于强制设立有公权力作为后盾，有

---

① 《意大利民法典》第 1032 条关于“强制地役权”的规定：“法律有规定的，土地的所有人有权在他人所有土地上设立地役权，没有契约的，该地役权由判决设立。有法律特别规定的，行政机关也可以实施这一设立。判决应当规定地役权的条件和支付的补偿金的数额。在支付补偿金前，供役地的所有权人可以阻止役权人行使地役权”参见《意大利民法典》，中国政法大学出版社 2004 年版，第 156 页。

② 参见张建文：《现代俄罗斯法上的公共地役权制度》，载《武汉科技大学学报》（社会科学版）2011 年第 1 期。

③ 《法国民法典》第 650 条规定：“为公共的或地方的便宜而设立地役权，得以沿通海航河川的通道、公共或地方道路的建筑或者修缮，以及公共或地方其他工事的建筑或修缮为客体。一切有关此种役权的事项，由特别法令规定之。”参见汪雪峰：《公共地役权制度研究》，华中师范大学法律系 2011 年硕士学位论文，第 37 页。

④ 参见肖泽晟：《公物的二元产权结构——公共地役权及其设立的视角》，载《浙江学刊》2008 年第 4 期。

利于提高行政效率，但其优点又恰恰是其缺点，像征收一样容易招致抵制。所以随着近年土地征收及公共地役权改革，美国多以行政合同购买、以地易地、现金补偿方式替代强制设立方式，体现了公平自愿的协议精神。[①]另外，除土地征收（强制性购买）方式以外，政府出于公共利益对于私人财产限制且不取得财产所有权的直接限制方式是利用警察权（police power）保护和实现。警察权是美国宪法性法律中政府用以维护公共安全、公共福祉、社会秩序及道德等公共利益而限制人民财产权（包括土地使用和开发）的权力。[②]警察权一般不会改变财产所有权的归属，也无须对原土地权利人财产所有者损失补偿，但如果过度限制就会演变成管制性征收。警察权的行使依据的就是公共地役权，符合基于公益而对于私益合理限制的公共地役权所有特征。公共地役权取得公益用地以无偿为原则，以有偿为例外。但是从近些年美国公共地役权方式取得公益用地的实践和趋势来看，因设立公共地役权而进行补偿已经出现了立法性规定。

3. 限制所有权的准征收

立法限制所有权取得公益用地的方式，俗称管制性征收，是政府基于公共利益的需要，既不征收也不购买土地所有者土地，在不转移所有权的情况下，通过立法或行政行为对于土地

① 参见肖泽晟：《公物的二元产权结构——公共地役权及其设立的视角》，载《浙江学刊》2008 年第 4 期。

② 参见辜晓丹：《美国历史上有关征收及警察权的若干案例的解析》，载《法制与经济》2010 年第 3 期。

使用、收益和处分等方面设定限制以达到公共利益目的。由于对原土地权利人进行严格限制会对原土地权利人造成了实质性减损，所以原土地权利人可以依据法律提出反向征收补偿。这种方式较公共地役权方式强制性程度高，但较征收弱。公共地役权方式不以补偿为必须，而立法限制所有权方式同征收一样，必须给予补偿。从这一特征上来看，准征收是特殊形式的征收，应归属于征收。

美国通过行使"最高土地权利"(eminent domain)进行的征收一般被认定为正式征收(formal expropriation)，这种方式在美国表现较为突出。除此之外，还有另一种逆正式征收程序而发动的征收，被称为"反向征收"(inverse condemnation)①或"管制征收"(regulatory takings)。实际上，"反向征收"包括"占有性征收"(physical takings)②和"管制性征收"(regulation takings)，但因为政府的过度"管制"而引发"反向征收"，所以"反向征收"与"管制征收"从广义上解释所指一致。③管制性征收是"因为规划权的行使超出原土地权利人的应有的合理负担，形成过度的法律管制(excessive regulation)而

① 我国台湾地区学者谢哲胜教授将"inverse condemnation"译为"准征收"。

② United States v.Causby 一案，原告拥有并住在邻接机场之土地，并经营一个商业养鸡场，当美国政府之军机经常性的飞临财产所有人土地的上空时，造成巨大噪声，鸡群因受到惊吓而撞死在鸡舍墙上高达 150 只。美国联邦最高法院认为联邦政府准许其飞机在原告邻接飞机场之土地上空低飞，剥夺原告养鸡场之使用，已经构成占有征收，应予以补偿。参见 United States v.Causby, 328U.S.256(1946)。

③ Gregory S.Alexander, "The Global Debate over Constitutional Property: Lessons for American Takings Juries prudence", *The University of Chicago Press*, 2006, p.69.

造成的财产权利的侵损或剥夺”。[①] 美国联邦最高法院认为，警察权的过度行使会形成管制征收，因此应当给予受损权利人以“合理的补偿”。[②] 对于原土地权利人来讲，过度管制是对其财产权利的侵害，其具有损害求偿权利；对于政府来说，过度管制实现了公益目的的需求。美国法上所有的管制性征收都是由议会或政府的管制性法令造成的。[③]

在德国，正式征收是因为直接占有私人土地，进行合法性侵害而使原土地权利人作出的特别牺牲。而出于公共利益的需要，通过对土地权利的过度限制而不直接占有、使用，也可以实现公益用地取得。在德国如建设道路、铁路，建立电厂、自来水厂等通过征收取得公益用地，而对于一般性的公共利益则通过“准征收”来实现。“准征收”方式源起于准征收侵害，准征收侵害又称为“具有征收效果的干预”(enteigungsleicher eingriff)，不是因征收本身造成财产权的侵害，而是由于发生征收的附随作用，使财产权人遭受特别的牺牲和影响，具有与征收类似的给关系人造成特别牺牲的效果，国家政府应予以公平市场价格补偿。[④] 如公路沿线工程对建筑物的损害，地方净化设施的气味公害等。

---

① 蔡怀卿:《美国之土地使用法管制以及其宪法许可界限》，载《玄奘法律学报》2004 年第 2 期。

② *Pennsylvania Coal Co.v.Mahon*, 260U.S.393(1922).

③ 参见房绍坤、王洪平:《从美、德法上的征收类型看我国的征收立法选择——以“公益征收”概念的界定为核心》，载《清华法学》2010 年第 1 期。

④ 参见李蕊:《国外土地征收制度考察研究——以德美两国为重点考察对象》，载《重庆社会科学》2005 年第 3 期。

通过对各种取得方式的考察比较，我们发现美国、法国等国家设立公共地役权取得方式制度突破了公益用地取得的错误前提假设桎梏，[①] 除了通过强制购买（征收）、购买、秘密购买、拍卖、优先购买等方式转移原土地权利人所有权实现公益用地取得外，还有不转移所有权，设定权利限制实现公益用地取得的方式，如租赁、设定公共地役权、管制征收等。权属转移方式政府得支付土地市场价值对价抑或补偿，甚至对于衍生性的损害及主观价值予以考虑，公益用地的实际取得成本高。公共利益得不到充分满足，私权利益得不到切实保障。通过对各种取得方式的横向考察，权属转移式的取得方式往往应用于重大公共利益用地、纯公益用地需求以及规模征地的情况。而对于准公共利益建设用地或一般性公益用地需求，政府为节约费用、降低取得成本，本着去公权化和最小损害的原则，选择限制土地权利的方式来达到公共利益需求的实现。公共地役权方式、管制征收方式是国家及政府出于公共福利及公共事业的考虑，依据财产权的社会义务，对土地权利进行限制，使其服从服务于社会需要。有效地避免了采用征收方式所带来的管理成本过高、财产得不到高效利用问题。

① 传统的公物理论是基于取得私人财产所有权的前提假设，若没有取得所有权，就不能成为公共所有权，就不能成为公物。世界上大多数国家和地区都以此作为实现公共利益的公物原则，所以在公益用地的取得上局限于权能转移方式。

二、代表性国家和地区公益用地取得的共同趋势

（一）制度效率是公益用地取得方式的选择标准

公益用地取得制度的效率是各国公益用地取得方式的选择标准。无论是强制方式的运用，还是市场方式的选择，都依据效率标准，即哪种方式具有制度效率就应用哪种方式。在具体应用上体现为市场交易成本与行政成本的衡量，也就是说，取得成本的高低决定了采用哪种方式更有效率。国外的立法司法表明，平等协商带来谈判久拖不决、交易成本过高等市场失灵时，政府就会选择不同强制程度的公共地役权方式、准征收方式、征收方式。政府强制性方式由于程序繁杂、诉累及行政成本高企等导致政府失效时，政府会选择原土地权利人乐于接受的协商方式，哪怕最后的交易价格高于市场价格。

（二）市场方式优先是公益用地取得的基本模式

土地征收、强制性购买、优先购买容易造成对抗与矛盾，导致谈判失败需通过诉讼解决，增加行政运行费用成本，影响城市规划，所以平等协商的市场方式一般被设定为公益用地的首选取得方式。由于平等协商既能尊重土地财产权，又能使原土地权利人充分表达自我意愿，减少矛盾对抗，相较于强制性的方式更易于被接受，所以被众多国家作为首选方式或前置方式。但是，当政府急需重大公益项目土地或成片集中的土地时，面对分散且有意抬高价格的土地所有者，协商又会产生各种抵抗、漫天要价，长期的谈判又会带来谈判成本上升，致使公益用地

取得无效率。因此，政府干预之手按照公益需求的程度，选择土地强制性购买、优先购买、准征收等不同强制性的介入方式是公益用地取得必要的辅助、救济和保证。强制性的方式既能保证最大限度不损害私人财产利益，又能顺利实现公共利益需求。所以，先与原土地权利人协商议价，强制性的方式作为保障，不用、慎用强制性方式是各国在公益用地取得方式上的无一例外的路径选择。当然，笔者所列的公益用地取得方式按照强制性方式是否介入、介入程度如何进行梳理（如平等协商购买取得、优先购买取得、强制性取得），但不代表公益用地取得方式一定按照这个程式进行。总体上大多数国家采取的是先买后征的程序，谈判购买不成，再申请征收。先协商后强制；协商购买为主，强制取得为辅。所以，合理的公益用地取得方式设计应尊重私人财产利益，维护原土地权利人合法利益。多用市场方式的协商收购，配以法律规定的必要的强制性手段，少用、慎用强制性的政府公权力干预取得方式，特别不能以计划、规划粉饰的公共利益作为强制取得的理由。只有这样，才能保证及时获得所需要的土地，才能有效地提高土地获得的效率[①]。

（三）权属交易是公益用地取得的法律途径

通过对代表性国家和地区公益用地强制性和非强制性方式的考察，我们发现以市场机制来确定公益用地取得方式实际上是大多数国家和地区的公益用地取得的主要方式，他们都十

① 参见杨遴杰、林坚、李昕等：《国外土地储备制度及借鉴》，载《中国土地》2002 年第 5 期。

分注重市场的作用，以市场价格为标准，尊重双方当事人主观意愿，通过对等协商获得土地。[①]市场交易的本质是平等主体谈判；强制性取得方式的本质是不平等主体间的特殊交易形式，是强制性公权力在保证私权的前提下的特殊购买。所以无论是市场方式还是强制方式均以权属交易为内容，权属交易成功意味着公益用地取得完成。交易的主要内容就是权属交易，市场方式通过权属交易表现出来，市场方式的优先体现为权属交易的前提。政府的公权力一般不介入，只有在重大性纯公共利益需要时才作为保障性方式出现。无论是采用协商合意的市场方式还是运用限制公权的强制方式，其根本理念在于对私权的保护和对公权的限制。

政府将平等协商等市场方式作为公益用地取得的首选方式的原因在于对私有财产权利和其他权利的尊重和保护。私有财产应履行社会义务，这与我国公益用地取得目的并无二致。但是这些国家及地区在公共利益前提下，更强调宪法前提下私人财产权利的保护。公益用地取得均严格遵循法定的程序，先是进行协商然后运用强制手段，保证了原土地权利人知情权、参与权、异议权、听证权、救济权等民主权利的实现，确保了程序公正，实现了对政府行为的监督，为私权的实现提供了有效保障，从而为公共利益的实现提供保证。公益用地平等协商取得方式的优先选择、取得程序的规范、公益用地信息的公开、强制

① 参见张雷：《论我国土地征收制度的完善》，湘潭大学法律系 2005 年硕士学位论文，第 39 页。

性取得方式的谦抑介入、公平市场价格的对价及补偿凸显了政府对私人合法利益的尊重。即便在动用征收等强制性方式时，也会遵循私有财产规则按照公平市场价格与原土地权利人就补偿进行谈判。即使谈判无果，法院抑或陪审团也会出于私有财产保护原则，依据市场价格确定补偿额度。通过对公权的管控，对私权的保护，实现公共利益与私人利益的平衡与兼顾。

第四节 我国公益用地市场取得方式改革的制度探索

一、国家层面公益用地市场化改革的趋势

我国自从十七届三中全会就开始了公益用地取得方式的改革，重点对问题突出的土地征收方式进行改革，至十八届四中全会已经形成比较明显的改革思路和努力的方向。制度改革的基本方向是经营性用地退出征地范围，充分保障私人土地权益，提高补偿标准。

（一）充分保障土地私权

为了防止国家滥用强制性征收权力，在赋予政府强制性征收权力的同时，又要保障原土地权利人财产权。十八届三中《决定》及2014年中央一号文件《关于全面深化农村改革加快推进农业现代化的若干意见》（以下简称2014一号文件《意见》）要求规范征地程序，完善对被征地农民合理、规范、多元保障机制，就是从限制公权尊重私权的角度，依程序性的规范干预保障土地权人的合法权益。2014一号文件《意见》更加深

入细致地提出，保障农民公平分享土地增值收益，保障被征地农民的知情权、参与权、申诉权、监督权。明确地表明国家层面开始侧重保护原土地权利人的合法权益，赋予原土地权利人更多的财产权利。十八届四中全会《关于全面推进依法治国若干重大问题的决定》就市场要求提出保护产权等六个导向，创新产权保护制度，加强对财产权的保护。[①] 这一系列的法治改革进程也充分表明国家从立法司法全过程保障私人土地权益的改革方向。

公益用地取得方式改革的首要任务就是侧重保障私人土地权益，赋予原土地权利人相对独立财产权利及发展权利，按市场价格进行对价或补偿，保障原土地权利人的权益，实现其土地利益的追求。只有这样，才能保证面临强制性取得方式时，原土地权利人能有与用地者协商、谈判、对抗，才能保障原土地权利人具有话语权、知情权、参与权，才能按照土地的市场价值享受公平的对价或补偿，才能公平分享土地增值收益。

（二）经营性用地退出征地范围

鉴于征地权力因经营性用地而异化，为改变经营用地假借公益之名的状态，改革的直接有效的办法就是控制征收方式的适用范围，将经营用地退出征地范围采用市场方式取得是国家直接针对问题而作出的对治。2008 年中共中央十七届三中全会发布的公报和 2009 年国务院发布的《国家人权行动计划

① 《中共中央关于全面推进依法治国若干重大问题的决定》指出，社会主义市场经济本质上是法治经济，必须以保护产权、维护契约、统一市场、平等交换、公平竞争、有效监管为基本导向，完善社会主义市场经济法律制度。

(2009—2010年)》提出,要“改革征地制度,严格界定公益性和经营性建设用地,逐步缩小征地范围”。2013年年初中共中央发布的一号文件也强调“严格征地程序,约束征地行为”。同年,党的十八届三中《决定》剔除了“逐步”这个不定期的修饰语,2014一号文件《意见》再次确认了这一主张。

《国家新型城镇化规划(2014—2020年)》进一步将经营性公益用地退出征地范围,提出扩大国有土地有偿使用范围,逐步对经营性基础设施和社会事业用地实行有偿使用。征地范围将被严格缩限,除纯公益性用地通过征收取得以外,其他的准公益用地和经营性用地应该由用地单位与农民协商解决。经营性的商业用地,在符合政策允许的情况下,将采取市场公平交易的原则,按市场价交易,政府不再介入。特别是十八届三中《决定》要求扩大国有土地有偿使用范围,减少非公益性用地划拨,势必在公益用地取得上与经营性用地严格区分,将非公益用地退出征地范围。2014年以来,国土部已经形成征地制度改革方案,并且经全国人大授权后,将农村土地制度三项改革试点扩大到33个市县地区。[①]在改革试点方案草案中明确非公共利益用地退出征收范围。[②]土地有偿使用的范围进一步扩大,既

① 参见《国土部扩大农村土地制度三项改革试点统筹范围》,载 http://finance.sina.com.cn/noll/2017-11-18/doc-ifgnwnog 4534873.shtml,最后访问日期:2018年10月15日。

② 参见《征地制度改革方案成型:非公共利益用地不征收》,载 http://finance.sina.com.cn/china/20141013/161520523730.shtml,最后访问日期:2014年10月13日。

包括国有经营性用地，也包括社会事业用地①，甚至包括能源、水利、交通、城市基础设施用地。②“公共利益”的定义、范围将被赋予翔实具体的规定，采取列举的方式界定公共利益范围、明确操作程序。③国有土地拆迁补偿条例所列举的公共利益将为农村土地的公共利益作出指导性参考和借鉴。采取这种方法来对公共利益进行列条清晰界定，避免征收权被滥用。《国家新型城镇化规划（2014—2020年）》④、党的十七届三中全会、十八届三中全会及2014一号文件《意见》都同时提到严格界定公益性和经营性建设用地，逐步缩小征地范围，这也为我国的土地征收及公益用地取得指明了改革的方向。

（三）提高征地补偿标准

强制性取得方式无视土地的市场价值，仅按照土地原用途确定的补偿标准给予原土地权利人补偿，不能真实反映土地客观价值，补偿不是土地的公平对价。强制性本来就已产生矛

① 参见《国土部推进国有经营性基础设施用地有偿使用工作》，载http://luan.loupan.com/html/news/201302/676312.html，最后访问日期：2013年2月6日。

② 2008年1月国务院《关于促进节约集约用地的通知》明确提出：今后除军事、社会保障性住房和特殊用地等可以继续以划拨方式取得土地外，对国家机关办公和交通、能源、水利等基础设施（产业）、城市基础设施以及各类社会事业用地要积极探索实行有偿使用，对其中的经营性用地先行实行有偿使用。其他建设用地应严格实行市场配置，有偿使用。

③ 参见郑风田：《集体土地征收改革的四个方向》，载http://www.qstheory.cn/JJ/Jsshzyxnc/201203/t20120331_149008.htm，最后访问日期：2012年3月31日。

④ 《国家新型城镇化规划（2014—2020年）》提出，深化征地制度改革。缩小征地范围，规范征地程序，完善对被征地农民合理、规范、多元保障机制。建立兼顾国家、集体、个人的土地增值收益分配机制，合理提高个人收益，保障被征地农民长远发展生计。健全争议协调裁决制度。

盾，加之不公平的补偿，致使强制性取得方式饱受诟病。国家也尝试逐步缩小征地范围，提高征地补偿标准。因此，出于社会稳定的维护和矛盾的化解考虑，国家针对征地安置补偿制度进行改革，意图通过提高补偿标准来平衡征地范围难以缩小的问题。[①]并且对公益性征地，国土部门已经进行按市场价补偿的探索，基本上确定了按照市场价格提高土地征收补偿的征地改革技术路径。也就是说，在城乡二元的土地制度框架下，对集体所有土地进行市价补偿，缩小城乡差距，逐步地实现同地、同权、同价。这也是继十七届三中全会所提出的建立城乡统一的建设用地市场的改革延续与突破。由此可以解决因土地权属不同而存在的价格差异，从而使集体土地的权利人在遵循土地利用规划的条件下，能与政府通过市场协商谈判的方式，确定土地交易的价格。十七届三中全会《关于推进农村改革发展若干重大问题的决定》对完善土地征收补偿机制提出了新的要求，即“依法征收农村集体土地，按照同地同价原则及时足额给农村集体组织和农民合理补偿”，也必将促使提高征地补偿标准，给予原土地权利人公平市场价格补偿成为公益用地取得制度改革的方向。这种走向体现在2012年《土地管理法修正案（草案）》中将补偿标准提高10倍，这也意味着将来的“农村集体

① 《国土部推进国有经营性基础设施用地有偿使用工作》，载http://luan.loupan.com/html/news/201302/676312.html，最后访问日期：2013年2月6日。

土地征收补偿条例”出台也会将标准提高。①

二、地方层面公益用地取得方式改革的探索模式

从2001年起，我国国土资源部门就在上海市和南京市等五省九市启动了征地制度改革试点。2010年，国家再次启动了新的一轮征地制度改革，天津等11个城市被列为试点。从2015年开始进行农村土地征收、集体经营性建设用地入市和宅基地制度三项改革。2017年11月全国人大常委会作出改革试点工作授权期限决定，并且将试点扩大到全国33个市县地区。

（一）完善强制性取得方式

1. 实行征转分离

传统的征地和转用是不分开的，但由于征转不分，“征”会产生政府角色错位与制度性寻租所导致的土地增值利益垄断化现象出现，“转”会发生非公益用地假借公益之名而取得土地的结果。所以基于公平与正义的兼顾，有些地方尝试征转分离制度创新。2009~2010年我国先后在株洲市、天津和重庆三个城市，分别选取一个区作为“征转分离”改革的试点，积极推进土地征转方式的改革。“征转分离”就是将集体土地的征收与转用相对分离，改变先转后征的程序，将集体所有的土地先行征收再适时转用。“征转分离”突破了僵化的体制束缚，实现了制度创新，促进了土地集约化利用。这较传统的先转后征的征转

① 参见毕德鹏：《土地法内容将修改 征地补偿将提高十倍》，载http://news.youth.cn/sz/201211/t20121129_2661837.html，最后访问日期：2012年11月29日。

一体征收更具有保护耕地、用途管制、缓解矛盾等明显的优势。

2. 前置协商方式

按照《土地管理法》和国土资源部的部门规章规定，征地方案批准后再制定补偿安置方案，但由于补偿标准过低、范围过窄以及权力寻租等问题存在，政府与被征地方难以达成一致，影响征地工作进行。有些地方政府出于对征地工作的促进和矛盾的缓解，出台地方规定将补偿协商前置，地方政府在征地方案报批前与原土地权利人协商确定补偿数额。这种程序上的变化缓解了矛盾，易于被原土地权利人接受，是地方政府在征地制度改革上的有益探索。例如，山东东营市、青岛市在征地实践中增加征地报批前协商环节，在征地前履行告知义务，通知相关权利人听证的权利，在勘查、清点、确认后同原土地权利人就征地补偿标准进行协商，达成一致签订征收补偿协议书。并规定凡是没有与原土地权利人（如集体经济组织）签订协议的征地行为，一律不予审查通过。①

3. 强化原土地权利人的权利

考虑到土地征收权力的异化一则由于公权力的授权与限权尺度失当，另一则由于权力相对方缺少对权力的监督，有些地方着重强化土地被征收人的参与权力，强调原土地权利人的知情权、确认权、话语权、监督权、救济权等权利。例如，山东省

① 参见《东营市国土资源局关于征地制度管理工作的情况汇报》，载 http://bdcdj.dylr.gov.cn/news/2013825/n895836321.html，最后访问日期：2014年12月12日。《青岛市征地工作情况》，载 http://sd.sina.com.cn/news/b/2013-05-03/detail-ifzfkmth8073280.shtml，最后访问日期：2014年12月12日。

2010 年 8 月 24 日发布《山东省土地征收管理办法》对土地征收程序、安置补偿标准及分配、被征地农民的社会保障等进行一系列创新，强化被征地农民的知情权、确认权、监督权。[①] 其实质是在强化原土地权利人的参与权，以便更好制约、监督土地征收公权力的适用。

4. 缩限征地范围

非公益用地以征收方式取得用地的原因之一是公益用地界限宽泛，外延性解释和扩张列举。因此，有的地方探索从公益用地的范围控制上实现征收的真正公益目的性，减少非公益用地的假借机会。从 2011 年开始，国土部在天津、重庆、沈阳等城市进行缩小征地范围的改革试点，探索征地范围的合理界定以及经营性建设用地的取得方式等。界定公益性和经营性建设用地是改革试点的主要任务，意图通过建设用地的明确界定来逐步缩小征地范围。在此基础上逐步完善土地征收补偿机制，试探性开展集体建设用地使用权流转的试验。[②]

（二）集体经营性建设用地使用权直接入市交易

随着集体建设用地入市流转试点推行，公益用地通过直接购买集体经营性建设用地使用权方式取得成为现实的探索。安徽芜湖、浙江湖州和广东省作为集体建设用地入市的试点，国家兴办公益设施和公益事业需要公益用地可以直接通过市场

① 参见徐凤真：《集体土地征收制度创新研究》，法律出版社 2012 年版，第 37 页。

② 参见姚一然、郑思远：《多个城市试水征地改革　试点经验或全国推广》，载 http://www.sina.com.cn，最后访问日期：2012 年 10 月 8 日。

取得土地。山东省《关于贯彻国发〔2004〕28号文件深化改革土地管理的实施意见》和2005年10月1日《广东省集体建设用地使用权流转管理办法（草案）》（以下简称广东《办法》）都有明确的规定。广东省试点集体建设用地入市，国家兴办公共设施和公益事业，可以使用集体建设用地。政府取得公益用地需经过农村集体经济组织成员代表的同意。[①]广东《办法》是我国针对集体建设用地流转入市的第一份具有可操性和法律效力的文件，开创了全国的先河。根据中央要求和全国人大授权，2015~2018年我国在33个县（区）进行农村土地征收、集体经营性建设用地入市和宅基地制度三项改革试点。农地直接入市打破了“非经政府征地，任何农地不得合法转为非农用途”的传统，国有土地使用权和集体土地使用权同权同价，集体建设用地采用自愿、平等的市场方式出让，有利于集体土地使用权市场价格的形成。目前，国土资源部也根据试点经验，正起草集体经营性建设用地的使用权入市改革和农村宅基地制度改革方案，以适应集体建设用地合法流转的政策规定。

（三）准公益用地采用市场方式取得

为禁止非公益的经营性用地采用征收方式取得，有些地方政府明确规定经营性建设用地通过市场方式购买取得，甚至为更严格缩限征收方式适用范围，将经营性的公益用地也通过市场方式购买取得。深圳市针对国有经营性公益用地进行了有偿

① 参见《广东农地新政：农村集体建设用地可直接入市交易》，载 http://news.xinhuanet.com/banyt/2005-11/24/content_3828141.htm，最后访问日期：2015年11月24日。

使用的改革，对有偿使用的范围明确划定。并且发挥价格机制的作用，将经营性基础设施用地通过市场方式出让，体现了其真实的市场价值，同时也是对土地有偿使用方式的完善。①

在地方集体建设用地使用权流转规范中，某些地区的规章规定了政府优先购买权制度，初衷是为抑制投机和价格规制，但实际也起到了公益用地取得和储备的作用。例如，《东莞市集体建设用地使用权流转管理实施办法》第 34 条规定："市国土资源部门负责组织本行政区域土地定级估价工作，制定基准地价，报市人民政府审定后定期向社会公布。"第 36 条规定："集体建设用地使用权价格明显低于政府备案价格，政府可以行使优先购买权。"②

三、我国公益用地市场取得方式改革的制度走向

（一）明确公益用地范围是公益用地取得的前提

无论是国家层面的改革，还是地方的实践探索，都把明确公益用地的概念、廓清公益用地的范围放在首要位置。正因为公益用地这一不确定的概念边界混淆利益划分，导致了经营性建设用地时常跨越边界，假借公益之名而调用强制性方式，所以成为公益用地取得首要解决的问题。为严格划清公益用地和经营性用地的界限，上至国家改革下到地方实践明确要清晰界

---

① 参见《2013 年土地政策的地方实践总结与回顾》，载 http://Money.163.com/13/1226/14/9H1D2PH800254T I5.html，最后访问日期：2013 年 12 月 26 日。

② 参见郭洁：《集体建设用地使用权流转市场法律规制的实证研究》，法律出版社 2013 年版，第 194 页。

定公益用地范围，将经营性建设用地逐出强制性取得方式。为严格限制，缩小征地范围，让明显属于非公益性的用地退出征地范畴，甚至将准公益用地实行有偿取得。

（二）公益用地市场取得方式是制度创新的趋势

因为公权力的过度干预而使政府失灵，所以国家改革和地方探索开始侧重于市场化的配置方式。限制公权力方式的适用范围，将土地征收、征用、收回等强制方式限于公益用地，特别是纯公益用地的取得方式。除纯公益性用地通过强制方式取得以外，其他的准公益用地和经营性用地都采取市场公平交易原则，通过与原土地权利人协商购买等非强制的市场方式取得。

（三）公益用地多元化方式取得是效率的必然要求

鉴于征收的诸多弊端，改革探索着力进行去权化的设计，征购、购买等市场方式应运而生。除对强制性的取得方式进行市场化改革外，改革和实践中又根据权利理论和政府与市场的关系理论，拓展出限权、设权等不转移所有权的新型取得方式。多元化取得方式改革探索并非取得方式的有意创新，其初衷在于节约交易成本，简便取得程序，化解对抗矛盾，实现双方合意，公平对价，提高取得效率。但在实际运用中确实起到了公益用地取得的作用与功效。

（四）加强土地私权的保护是公益用地市场取得的目标

公益用地取得方式改革探索的首要方向就是侧重保障私人土地权益，赋予原土地权利人独立财产权利及发展权利。重点保障原土地权利人话语权、知情权、参与权，给予其土地的市场价值对价或补偿,使其公平分享土地增值收益。为了保障原土地权利人财产权,防止国家滥用强制性征收权力,在赋予政府强制性征收权力的同时,又对这种权力进行必要的规范和限制。如此改革探索意在解决的是让原土地权利人在面对公益用地取得时能够充分发挥自己的意愿,自由与公权协商谈判抑或对抗。

第四章　公益用地取得方式的选择标准与设定条件

公益用地取得方式从政府是否干预角度可以分为强制性方式和市场方式；按照取得依据的法律关系可分为公法方式和私法方式。政府代表公共利益，执掌公权力，并不必然使用强制性干预方式，调柔性的市场方式也并非不能解决公益用地的需求；调柔性的市场方式能够尊重财产权、基于权利人自愿，但其并非始终高效，政府的强制性干预方式也并非一无是处。政府干预经济存在固有的边界，市场行为有效时，政府行为不干预，只有市场行为失灵时，政府才干预。若政府干预行为逾越边界过度干预时，会导致政府行为失效，那么就意味着政府应退守保障市场竞争自由秩序，此时应依据经济法规制政府行为。因此，公益用地取得方式如何选择就落在研究公益用地取得过程中政府何时介入的问题，即何时运用市场取得方式，何时运用强制取得方式，政府怎样介入，介入程度如何的问题。笔者认为，公益用地的公益性程度、市场交易条件以及效率的权衡等因素，决定着不同公益用地取得方式的选择。

第一节 公益用地取得方式的选择标准

一、效率权衡标准

公益用地是公共产品，公益用地取得是经济法调整下的经济法律行为，必然遵循经济法的基本价值目标。因此，在满足公共利益体现的公平过程中，考虑的无非就是效率。公平是以追求利益的协调与平衡来实现公平与正义，而效率则是强调成本收益比例的最优化，两者具有内在的一致性。市场机制关注的是效率，并没有公平存在的空间，但在公益用地取得过程中已经将公平作为基础的价值追求，所以效率是公益用地取得选择哪种方式的决定因素。

效率是经济法追求的目标，是从给定的投入获得最大的产出，即以最少的资源或以同样的资源消耗取得最大的效果，实质上是成本最小化和收益最大化的比率关系。从效率的角度，政府与市场是一种互补的关系，市场有效率就要发挥其配置资源的基础性作用，市场失灵就需要政府发挥作用，两者的临界点既是政府有效点又是市场失灵点。市场有效率时政府不干预，政府干预不具有效率；只有市场失灵政府才干预，此时政府具有效率而市场无效率。政府与市场方式的选择实际上落到成本与收益的衡量，行政成本和交易成本的比较是强制方式与市场方式的选择标准。市场与政府方式的边际社会成本相等的交叉点是选择取得方式的衡量标准。公益用地无论通过市场方式还是强制性方式取得，其产出收益结果都是公益用地，因此市场方式的交易成本和政府方式的干预成本的高低是作出采用哪种取得方式的选择依据。

（一）交易成本低时选择市场取得方式

政府干预方式的总成本超过市场方式所需要的交易费用时，市场配置资源是有效率的，应当减少政府干预，让市场机制充分发挥作用。公益用地市场取得方式的交易成本是政府作为平等交易主体为实现交易而进行的与交易相关的活动成本，包括搜寻价格的成本、与原土地权利人进行协商谈判、合意签约的成本以及监督执行的成本。政府干预成本包括政府组织运作成本、干预方式选择的决策协调成本、执行成本、政府干预方式执行的监督成本。市场交易成本相较于政府干预成本低，市场就具有效率。行政成本、交易成本的交叉点和市场与政府的边界理论实际上是一致的。政府强制性方式存在机会主义和有限理性而导致的失灵所带来的成本和干预经济的各项支出费用，表现为干预方式未达预期目标或已达目标但成本过高或资源浪费。公益用地取得是资源配置的形式，当通过市场方式能够更具有搜寻土地价格和谈判成本低成本优势时，市场具有效率，此时市场发挥配置公益用地资源的基础性作用，市场方式是公益用地的取得方式。当采用强制性方式后发生权力滥用、寻租、土地资源浪费，导致公益用地取得的成本更高，以致违背公平时，强制性方式就失去其存在的合理性，说明应该放弃强制性方式转用市场方式。

（二）行政成本低时选择强制取得方式

当市场交易成本大于政府干预成本时，就应该选择具有效率的强制性方式。政府干预成本比市场交易成本低，政府干预就具有效率。强制性方式可以减少市场带来的负外部效应，有效降低市场交易费用。当通过市场不能形成土地资源优化配置，缺少市场交易条件，交易信息不对称，原土地权利人故意阻滞交易联合抵抗，谈判、交易费用高企，而通过政府干预方式在保障公平的同时，又可以仅支付低于市场交易成本的干预成本，表明政府干预具有效率。

二、公益性程度标准

通常情况下，公共产品理论被认为确定了政府干预的对象及范围，公共产品理论因此被视为政府干预边界的研究成果之一。如前所述，在公共产品理论中，将社会产品按照产品的消费能否导致他人对该产品消费的减少为核心特征，区分为纯公共产品、准公共产品和私人物品，并据此认定政府干预的合理范围应该是纯公共产品和准公共产品，私人产品由市场提供。公益用地属于公共产品，按照这一理论相应地可分为纯公益用地和准公益用地，政府干预公益用地取得的合理范围是纯公益用地和准公益用地，非公益性的经营性建设用地应由市场方式取得。公益用地的公益性程度标准是按照不同公益程度的公益用地的划定选择对应的取得方式的标准，是由具体用地到取得方式的选择。

（一）准公益性用地采用市场取得方式

准公益用地虽然具有公益性，但准公益单位具有一定的经营性和营利性，较纯公益用地的公益性程度要弱，因此准公益性用地的取得绝对不能通过土地强制性购买（或征收）的方式。基于用地主体的营利性，应该和其他生产要素一样通过市场方式获得。市场方式取得经营性用地可以显化土地资源市场价值，尊重原土地权利人财产权益，体现平等、自愿，减少行政成本，凸显效率。如果经营性用地不通过市场而通过政府干预方式取得，势必造成权力滥用、寻租，公权力被利益俘获，最终造成市场失灵、政府失效、土地浪费。

（二）纯公益用地选择强制取得方式

纯公益用地属于纯公益产品，具有绝对的公共利益目的，因此纯公益用地的取得应该通过强制性的取得方式作为保障。换句话说，纯公共利益是强制性取得方式适用的前提，只有纯公益用地才是强制性方式唯一取得对象。公益用地取得过程中，如果强制性的取得方式被用于纯公益用地以外的其他对象，那势必会造成取得来的土地不只用于纯公益，而更多的用于非公益性的经营性建设，使土地产生的巨额增值收益被政府和土地使用者剥夺，而原土地权利人却未能享有土地增值收益的分配，土地发展权被漠视，然而这与公益目的相违背，直接削弱了政府及公权力的权威性和严肃性。因此，强制性的取得方式只能作为纯公益用地的取得，并且是为保障纯公益用地取得而适用的最后方式。

强制性方式只能作为纯公益用地的取得方式，但并没有因此而否定市场方式不能成为公益用地的取得方式，强制性取得方式是公益用地取得的充分不必要条件。准公益用地一般情况下选择市场方式取得，但准公益用地虽然具有一定的经营性和营利性行为，公益目的是其运营的根本宗旨，所以绝对不能选择单纯的市场方式取得。鉴于准公益用地具有这样特殊的情况，笔者认为必要时选择政府适当干预的公共地役权方式、管制征收方式。公益性程度标准对政府干预公益用地的边界略显不足：第一，公共产品分类标准试图界定的是政府干预作用的公益用地的范围，也就是说强制性方式和限制性方式作用的纯公益用地和准公益用地，而不是政府干预行为的边界；第二，在公共产品分类标准中，由于公共产品范围本身就极不确定，公益用地范围亦不确定，因此政府干预公益用地边界也得不到确定；第三，该标准在现实中解释能力不足，现实中政府的干预方式不仅广泛地发生于公益用地范围，同时也大量地发生在经营性建设用地范围。

因此，公益性程度标准不能充分作为公益用地取得方式的标准，不能清晰界定政府干预边界。这说明公益性程度标准不能单独作为公益用地取得方式的选择标准，也就是说，公益性程度标准之外还得参照其他可资选择的标准。

三、交易条件标准

任何社会经济资源配置均通过市场主体的合作，而合作的基本方式是交易，政府行为存在的合理性就在于当市场主体间合作发生障碍时充当市场方式的替代品，言外之意就是市场主体间合作顺畅时政府干预不具有合理性。交易与合作之间是互相依存关系，合作缘起于交易，交易成就和促成合作，具有一致性。交易的适用受财产权利、交易意愿、交易规则、财产价值等条件影响，在有些资源配置场合，市场主体面临需要合作但缺乏交易条件，而无法通过交易进行合作的困境时，就必然会寻求替代交易的合作方式即政府干预。公益用地取得行为是土地资源配置的方式，包括政府方式也包括市场方式，也应遵循市场干预的合理性边界。也就是说，市场方式能够发挥优势作用，政府方式一般不介入干预，只有在土地资源通过市场方式交易发生合作障碍时，为消除合作障碍采用政府干预方式取得公益用地。

（一）交易条件充分时采用市场取得方式

在财产权利明确、公共利益得到共同认可、原土地权利人乐于协商、土地财产权显化等市场交易条件满足的情况下，作为市场主体的政府代表公共利益遵从市场交易规则，与原土地权利人双方合意，根据土地资源的市场价值形成对价。在这种情况下，双方基于私法意思自治，积极主动共同配合市场交易条件原因在于：对于原土地权利人来说，土地权益得到尊重，受到宪法充分保护，土地资源的真实公平价值得以体现，土地发展权通过土地价值得以实现，原土地权利人能够参与到公益用地取得过程中，参与权、决策权、话语权等基本权利能够自由发挥，交易信息完全对称。对于政府来讲，能够更效率地取得公益用地，没有原土地权利人的抵抗，免去了因此付出的行政干预成本，顺利实现公共利益。

（二）交易条件欠缺时运用强制取得方式

在因为交易条件欠缺不能进行合作的资源配置情况下，市场主体就必然寻求替代交易的合作方式，由代表公共利益的政府（此时政府具有市场主体与干预主体双重身份）行使公权力进行干预，从而实现公共利益。[①] 在公益用地的取得过程中，政府应用地单位对于公益用地的需求作为市场购买主体试图与原土地权利人达成交易，但因为私人财产权利、原土地权利人抵制等市场交易条件不具足，公益用地很难通过协商、合意的合作方式进行取得。政府的干预主体身份开始显现，利用替代市场方式的公权力干预方式来排除市场交易存在的障碍，实现公共利益。此时政府以单方意志排除原土地权利人对合意的抵制，用强制性取得方式应对原土地权利人漫长的讨价还价和协商。

如果交易条件充分，政府可以平等市场主体身份通过市场

① 政府行使公权力联结社会群体以共同承担费用成本的方式来进行合作，使社会群体均等性承担费用，意在促成交易条件而成功进行合作。但在国家和政府的公权力运用中合作的目的日益模糊，最终形成公权力干预。

方式实现公益用地取得；如果交易条件不充分，政府则需利用干预主体身份采用强制性方式实现公益。诚然，道理实该如此，但是因为政府的身份特殊性，干预具有“盲目性”和“私利性”，表现在实践上就是试错和犯错的过程。政府干预既可能迎合需要替代市场交易方式的情形，也可能误入市场交易方式顺畅不需要替代的情形。如何判断政府什么时候介入，什么时候不介入又是一个需要寻求的标准。那么政府究竟何时干预，何为适度，政府方式与市场方式孰先孰后不得而知。

综上，公益性程度标准确定了政府强制性方式是纯公益用地取得的保障方式，准公益用地可以采用政府适当干预的方式，市场方式是经营性建设用地的取得方式。但并没有明确市场方式能否成为纯公益用地的取得方式，纯公益用地和准公益用地是政府干预的对象范围，并不是政府行为的边界，公益用地具有不确定性，政府方式与市场方式选择具有不确定性。公益用地交易条件标准确定了市场交易条件充分的情况下，采用市场方式，不充分条件下采用政府干预方式。但政府的干预方式具有盲目性，可能介入市场条件充分不需替代的情况，导致政府干预方式缺乏介入标准。效率权衡标准从经济法的价值目标角度入手，确定了市场方式与政府干预方式以公平为基础，以效率权衡的公益用地取得方式选择标准。市场方式与强制性方式的收益结果都是公益用地，因此市场方式与强制性方式的选择就取决于市场交易成本与政府干预成本孰高孰低。市场交易成本低，市场有效率，用市场方式；政府干预成本低，政府有效率，用强制性方式；强制性方式并非总是适度，公益用地强制性成本会因决策失误、寻租、权力滥用、资源浪费等因素导致过高，此时应减少或放弃干预，直至实现效率。

因此，三个选择标准综合来看，效率标准是公益用地取得方式选择的根本性标准，公益程度标准和市场条件标准是辅助性标准。在市场条件充分情况下，政府作为交易主体与原土地权利人交易能够实现公平，具有低交易成本的市场效率优势，因此采用市场方式取得公益用地；在市场交易条件不具备的条件下，政府为排除原土地权利人联合抵抗，保证公平正义和社会公平，除作为交易主体以外还利用低干预成本效率优势，采用政府干预的强制性方式取得公益用地。市场方式和强制性方式是公益用地取得的方式，政府强制性方式只用于纯公益用地的取得，准公益用地不能选用强制性的方式，但可以选用政府适度干预的方式取得。

第二节　公益用地取得方式的设定条件

一、以保障土地私权为制度前提

公益用地是应公共利益需求而出现的，保障公共利益是公益用地取得方式法律制度立法的终极理念。但公益用地的实现需以原土地权利人合法权益的“特别牺牲”为前提，程序合法是公益用地取得的基本要求，而对于原土地权利人合法权益的保护是遵从合法程序的起点和前提。政府作为公共利益的代表，在对原土地权利人合法权益保护的前提下，并给予其公平市场价格的对价或补偿后，原土地权利人应从社会整体利益的考虑支持公益用地取得。

无论是市场协商方式还是强制性方式，在取得方式的起点和结果上都应真正做到对原土地权利人合法权益的保护。在不同的法治环境下有不同的公益用地取得立法观念，权力本位与权利本位导引出不同的公益用地取得方式。法治社会中“权力本位”的思维模式应让位于“权利本位”，着重在财产权的尊重和保护的基础上限制权力行使。公益用地作为公共利益需求的集合，最终代表和实现都是为个人利益更好的提升。所以在满足公共利益与保护私人合法权益并不矛盾，其初衷具有一致性。具体而言，在公益用地取得方式法律制度立法的过程中，要充分尊重、保护原土地权利人的各项合法权利，包括知情权、参与权、监督权、救济请求权、求偿权、强制征收请求权等。政府应当依据城市整体规划取得公益用地，原土地权利人所享有的诉权等救济权利，是与公权力抗衡的重要因素。

直接规定保护原土地权利人合法权益是公益用地取得方式法律制度秉持的理念的重要内容，而限制公权强制干预亦是对原土地权利人合法权利的保护。我国现行的公益用地取得方式主要以强制性的方式为主，“抑私扬公”的行政化方式与现代法治理念背道而驰。由于这一理念导致了公共利益界定不清、耕地失守，原土地权利人利益被剥夺、权利受损。现今的行政立法都在限制公权，因此作为多种方式综合运用的公益用地取得立法理应坚持“抑公扬私”的理念，缩限政府强制性干预的范围，将非强制性的调柔协商等市场方式作为公益用地取得的首选方式，将强制性的方式作为公益用地取得的保障方式。

二、按先市场后强制时序要求适用取得方式

市场对于配置资源具有基础性作用，在市场有效条件下，应尽可能适用市场方式，但市场不加以引导就会失灵，政府需要对市场进行干预，而这种干预应在适度范围内行事，否则政府一样会失灵。公益用地取得方式属于现代经济社会的经济法律行为，公益用地取得方式就是对于市场调节方式、强制性方式的选择，使两者在一定范围内相互协调，互为补充，共同促进，实现公益用地的有效取得。

（一）市场方式是公益用地取得的首选方式

政府在进行公益用地取得时，要以“成本—效益”为分析的效率因素作为参照，力争尽可能低的经济耗费，取得尽可能大的社会、经济效益。而实现这一效益的有效方式就是利用市场配置资源的效率优势。如何使市场在资源配置中起决定性作用，关键在于减少政府对资源配置的直接介入，加快完善现代市场体系。政府作为公益用地的需求者，并非行政命令的发动者时，应当按照私法的方式，遵循市场经济的土地资源配置方式，与原土地权利人平等协商，尊重原土地权利人意愿，采用一些建立在平等协商基础上的柔性的非强制性手段实现公益用地取得。因为，双方的平等协商、自愿沟通，减少权力的强制性因

素，能赋予原土地权利人自由的选择权利，原土地权利人的主动配合能够在相当程度上提高政府公益用地取得行为的作用效果。

（二）强制方式是公益用地取得的最终保障

政府公权干预公益用地取得是应克服公共产品市场失灵的要求而出现的，体现出作为公共利益代表的国家职能和政府职责的履行以及社会公平的追求。公权力干预方式能够有效克服市场方式所带来的外部性，充分保障公益用地取得。公共产品具有非竞争性、非排他性，容易产生负外部性，导致市场失灵。公益用地属于公共产品，政府应当以社会利益和社会责任为依归，负有提供公益用地的义务和职责。在发挥市场的基础配置作用前提下，政府的有形之手应对公益用地的配置进行适当调控和干预。公益用地强制性取得方式的目标缩限于对公益用地市场取得方式存在问题的矫正和改善，促进公益用地及经营性用地等土地资源更有效的配置。对于经营性商业用地，政府不干预；对于准公益用地政府要适度干预；对于纯公益用地政府要发挥干预的优势。政府在取得公益用地时首选市场方式，只有市场方式无法实现公共利益时，政府视情况选择适度的干预。

政府公权依法干预是社会公共利益授权的应有之意，政府的干预行为不是总是适度和适宜的。由于政府的角色错位而产生的过度干预，势必造成政府的干预范围和力度的错位，从而导致政府的失范。此时的公益用地取得方式法律制度亦应对强制性取得方式进行约束限制，纠正不当的强制性取得行为方式，从而指引政府在公益用地取得过程中有效运作。有效解决滥用征地权、侵害原土地权利人权益等政府失灵问题，以保障其政府干预的合理有效性，切实促进公益用地顺利取得。公益用地取得方式法律法规作为公益用地市场的基本运行规则和行为模式，应通过对公益用地取得人行为的规制而促进解决原土地权利人利益最大化和社会公共利益、效率与公平之间的矛盾，实现协调经济发展与社会公益互动的目标。

三、以公平的交易价格为权利变动的条件

尊重原土地权利人的合法权利是公益用地取得的起点和前提，而能否给予原土地权利人公平的土地对价或补偿是公益用地取得能否践行“权利本位”立法理念的应然和必然结果，是衡量公益用地取得方式是否合法、方式是否适当的标准。市场方式能够通过谈判协商给予原土地权利人公平对价就应用市场方式，在市场方式缺乏效率的情况下，就应使用强制性方式，但必须是在给予原土地权利人公平等价补偿基础上进行。实际上，强制性方式应是在等价有偿交易原则基础上实行的，强制方式只不过是市场条件下的特殊交易形式，绝不能因强制而侵害私人权利。这也就是世界各国将公平补偿列为公益用地强制性取得前提条件的原因，即不能只片面追求公益和效率而失守私人财产权益保护的关口。在公益用地取得的全过程中，如果发生个人利益和公共利益冲突，应当在给予个人利益充分保护和公平对价基础上努力实现公共利益。反过来讲，就是原土地权利

人基于自愿市场方式与政府合意完成交易，原土地权利人财产权利自主，自然能够实现土地价值追求。但如果政府作为公共利益的代表与原土地权利人通过市场方式协商，在充分保护原土地权利人合法权益及给予公平对价的情况下，原土地权利人仍拒绝协商，政府就具备申请动用公权力迫使原土地权利人完成市场交易的条件。因此，在保护原土地权利人合法权益的前提下，给予原土地权利人公平补偿是公益用地取得方式运用公权力的大前提。这样原土地权利人虽然意志受到强制，但基于公平得到土地补偿；政府虽然有违自愿合意交易规则，但并未有失公平并且实现了公共利益需求。

四、依最小损害原则权衡土地取得方式

一般情况下，公益用地取得是集体土地所有权或个人土地使用权向国家土地所有权、使用权等权利让渡转移的过程，但随着公益用地层次性的分类和物权权能理论的发展，除权属转移外非权属转移方式日渐成为新的取得方式。笔者所说的最小损害原则实际上源于比例原则的规定，但又不同于比例原则。因为笔者所说的公益用地取得方式有强制方式，也有市场方式。强制方式属于公权力干预方式，适用比例原则的规定。最小损害原则是取得方式的选择要和让渡的土地权属内容以及公益程度相称、相当，在同样能够实现公益用地取得的情况下，选择对原土地权利人造成损害小的方式。因此在通过权属转移的方式取得公益用地时，市场方式损害小；非权属转移时，设权方式损

害小。

（一）权属转移时市场方式优先于强制方式

土地权属流通制度是集体土地所有权和国有土地使用权转移的法律制度，所有权权能分解为占有、使用、收益和处分权能，因此传统的公益用地取得是典型的集体所有权和国有土地使用权的转移和让渡过程。直言之，如果没有取得原土地权利人（集体）土地的所有权或没有取得个人房屋及地上物所有权，就意味着公益用地并未取得。取得土地所有权是进行公益建设的前提，因此往往在重大公益项目用地的取得上，权属转移方式是较为常用的取得方式。市场方式能够在保护私权的基础上，按照私法意思自治，基于当事双方自愿合意实现权力转移与让渡。政府在市场方式中仅以购买者的身份参与交易，与原土地权利人法律地位平等。而在强制方式中，政府不再处于和原土地权利人平等的地位，转而运用公权力对原土地权利人的土地权利进行干预，因此，通过市场方式平等协商购买要比通过强制性购买对原土地权利人的土地权益造成的损害小。

（二）非权属转移时设权方式优先于强制方式

集体土地所有权和因取得房屋等地上物而取得土地使用权等权属转移方式是公益用地取得的典型方式，但权属转移方式的运用并未排除非权属转移方式的适用。相较于权属转移的强制性方式，非权属转移的设权方式在管理成本、交易成本、谈判成本、财产利用效率等方面具有独特的优势，在某种程度上更易于被接受。除土地所有权、使用权外，土地权属还包括地役权、抵押权、租赁权、继承权和他项权利等土地权利。以社会物资的优化配置和利用为基础的物权理论说明，所有权权能可通过设定他物权等方式对所有权的整体实现部分或全部分离。公益用地取得客体内容应遵循物权从自物向他物，从所有向利用，从财产的静态归属到动态实现的转变。所以除典型的所有权、使用权土地权属流通方式以外，公益用地取得方式还可以包括其他权利的限制性方式，如公共地役权方式、管制征收方式。因此，公益用地不必一定通过权属转移方式而取得，也可以通过设定公共地役权、立法限权、租赁权等非权属转移的方式获得。

第五章　我国现行公益用地取得方式的制度评价

第一节　现行公益用地取得方式的制度特征

土地征收、征用、收回等强制性方式是公益用地取得方式，宪法和法律对其明确加以规定，从这一点上说笔者称其为法定的强制性制度，是国家以法律形式对公益用地强制性取得方式的保障。强制性取得方式是国家利用公权力对国有土地使用权和他项权利以及集体土地所有权等权能的强制剥夺，不以所有权人或使用权人的同意为必要条件。

一、行政方式的强制性

我国法律规定的公益用地取得方式包括土地征收、征用、土地收回和公益征收，这些取得方式均是行政方式，并非民事行为，是国家基于公众委托授权下的利用公权力的行政行为。行政取得方式是国家基于单方面的意思表示，并非基于双方的自愿和协商一致，无须征得原土地权利人的同意。国家作为征地法律关系的主体与被征地的原土地权利人的地位是不平等的。公权力的权力本源就具有强制性，若这种强制性缺乏应有的约束就会产生滥权的强制，而这种强制性更具有侵害性。我国的公益用地强制性取得即国家公权力对集体土地所有权和他项权利予以强制剥夺。

土地征收是增量建设用地的取得方式，是将集体土地转变为国有土地的唯一途径，一直是我国公益用地取得的主要方式，亦是经营建设用地的取得方式，土地征收制度的核心在于无须取得土地使用人同意而强制取得。我国《宪法》第 10 条及《土地管理法》第 2 条规定，“国家为了公共利益的需要，可以依照法律规定对土地实行征收或者征用并给予补偿”，对土地征收作为公益用地的取得方式以法定的方式确定下来。由于《土地管理法》第 43 条任何单位、个人使用建设用地均可通过农地转用实现之规定，使土地征收方式成为建设用地获取的替代机制。土地征收是一种行政处分行为，强制性因公权力而产生，而公权力的产生是为公共利益目的实现而存在的，因此经营性建设用地适用征收方式取得，从法理上说不通，也不符合国际趋势。

与土地征收方式形成互补，公益征收方式是城市利用存量土地进行建设的土地取得方式，是由房及地的间接取得方式。我国《物权法》第 42 条对公益征收进行了规定，公益征收是通过征收地上附着物的方式间接取得公益用地。除了对农村集体土地实行征收以外，在城市也可以通过公益征收个人的房屋获取公益用地。《征补条例》所规定的“为了公共利益的需要而征收”就是通过公益征收取得土地的情况。对于农村集体土地征收来说，是将集体所有性质的土地转变为国有性质的建设用地，所有权发生转移、转变是集体土地国有化的过程。对于城市公益征收房屋获取城市土地来讲，并没有发生实质上所有权的转移，因为征收前后所有权均属国家所有。从权属流转上来说，前者发生所有权及其他权利的变更和迁移，后者仅发生使用权的流转。土地征收引起了物权变动的法律后果，使土地所有权流动呈单向性和不可逆性，土地征收是土地所有权流动的唯一方式。[①] 而城市房屋公益征收并不能引起土地所有权变动，只是土地使用权的变化。

土地收回是存量公益用地的直接取得方式，出于公共利益需要，我国法律体系中规定了公益用地取得的土地收回方式。土地收回方式就是政府出于公益用地需求，将国有或集体土地使用权收回的行为方式。[②] 不同于土地收回，公益征收获取土地的方式是通过征收房屋而间接取得公益用地。

土地征用是临时公益用地的取得方式，作为与土地征收相伴而生的公益用地取得方式，在中华人民共和国土地法律法规

① 参见郭洁：《土地资源保护与民事立法研究》，法律出版社 2002 年版，第 296 页。

② 参见湛中乐：《我国土地使用权收回类型化研究》，载《中国法学》2012 年第 2 期。

的历年修订中均有相关规定，但一直没有明确表述。[①] 土地征用与土地征收同时规定在一个公共利益条款当中，征收征用都是政府作为实施主体，与土地征收方式一样，具有同源的强制性意味。

土地征收方式是直接取得农村集体土地及所有权，转而将其变为国有土地所有权。公益征收方式是在国有土地所有权下间接取得（由房及地）国有土地及使用权。土地收回方式是直接取得建设用地及使用权，当然建设用地包括城市国有建设用地和农村集体建设用地。至此我们可以发现征收方式与收回方式自始就界线分明，分别以取得不同权利内容为己任。

二、法律关系的不平等性

土地征收、征用、公益征收、收回是国家强制行为，政府代表国家行使征收权公权的行政行为，主体是国家或政府。[②] 不同于普通的公平、合意的市场交易行为，强制性取得方式法律关系主体是一对基于不平等地位的行政法律关系，政府与原土地权利人处于不平等的法律地位，国家或政府是公益用地强制取

① 1953 年《国家建设征用土地办法》第 11 条规定："凡修建工程，须临时使用征用范围以外之土地作为材料堆存场所及临时运输道路等用途者，应与该项土地所有人（或使用人）协商临时借用，或订立契约临时租用。" 1958 年《国家建设征用土地办法》第 12 条规定："用地单位或者施工单位在修建工程进行中，需要临时使用征用范围以外的土地，作为堆存材料的场所和运输道路等，商得当地人民委员会和土地所有者的同意后，可以租用或者借用。" 1982 年《国家建设征用土地条例》第 19 条规定："遇到抢险或紧急的军事需要等特殊情况急需用地时，属于临时用地的可以先使用，并立即报告所在地县、市人民政府。"

② 参见王利明：《物权法研究》（上卷），中国人民大学出版社 2007 年版，第 418 页。

得的主体，行政相对方是处于弱势的原土地权利人（集体组织或个人）。

三、公权力优先的单方意志属性

由于计划经济“权力本位”的影响，行政行为具有强制性以及法律关系上的不平等性，公权力在面对私权利之时，所表现出来的就是公权力优先的单方意志属性。这种单方意志属性深深渗透于征地的全过程，表现为政府对于取得方式的决策、执行、救济、监督都具有单方意志性。在我国的公益用地的强制性取得方式中，土地征收、征用、收回以及公益征收均以法律形式加以规定，市场方式制度规定空白，所以从法律制度层面强制性的方式“生来具有”单方意志优势。当公益建设需要征地时，政府可以“任性”地划定征地区域、范围，甚至在违反土地用途管制和城市规划的情况下，也决意为之。[①] 在公益用地取得方式的选择上，政府单方意志选择运用公权力的强制性方式。征地决定一旦作出，原土地权利人只有接受和服从行政行为，公权力在私权面前再次表现出优先的单方意志性。在补偿方式、标准、范围的决策和选取上，政府单方决定而不用与原土地权利人协商，结果造成原土地权利人参与不足、补偿非公平。在行政性权力对于相对人造成损害的监督救济机制本来就薄弱的当下，公益诉讼制度匮乏，行政诉讼形式化，造成原土地权利

① 沈阳市的绿岛足球场建成不到十年，就被征收，况且征收后也没有用于公益建设，参见《沈阳绿岛体育场被拆除，投八亿使用寿命不到十年》，载 http://sports.163.com/12/0605/07/837IDPFD00051CAQ.html，最后访问日期：2012年6月5日。

人监督无力、救济无门。

第二节　现行公益用地取得方式制度的缺陷

一、市场化取得方式的制度阙如

通过对现有公益用地取得方式的法律规定的梳理可以看出，土地征收、征用、公益征收、收回是法律明文规定的现行公益用地取得方式，其他并无规定。土地征收、征用、收回、公益征收行为均属行政行为，是国家利用公权力强制取得土地权属的方式。单方意志性、强制性是行政行为的典型特征，行政主体不必与行政相对方协商取得其同意，行政相对方必须服从并配合行政行为。由此可以看出，我国公益用地被强制性方式垄断取得，市场方式没有法律规定及适用的空间。受计划经济影响，土地国有化的立法思想决定了公益用地取得双方当事主体法律地位不平等，国家及政府和原土地权利人是公益用地取得的双方当事主体。国家乃至政府是取得公益用地的发动者，个人以及集体经济组织等原土地权利人是公益用地取得行为的接受者。在实现公共利益的事项上，集体土地的所有权和承包经营权以及个人的使用权让位于公权力是公益用地取得的正当化理由。我国《宪法》《物权法》等虽然对私权的保护和权力限制作出了原则性规定，但是由于过于原则和抽象的规定无法为政府的行为提供确定的指引。公权力处于绝对的支配地位，相对方对抗和抵御能力极弱。公权力在公共利益的名义之下进行单方意志强制行为，挤占农村集体土地和个人使用土地权利空间。我国土地征收、征用、公益征收、土地收回恰恰只盯准了其行为的强制性，忘却了公共权力为公共利益的根本初衷，导致强制性突出而协商性不足。

我国公益用地取得出于单方意志强制转移土地权属，权属自由交易不足。土地资源由国家垄断，农用地转为经营性用地，除了通过土地征收以外，并无其他方式进行市场流转，这就限制了市场方式的介入和发挥。

公益用地取得采用行政化还是市场化的方式取决于双方当事主体地位的博弈和财产权利的享有程度。原土地权利人对于财产是否享有独立完整的财产权决定着政府倾向采用何种方式取得公益用地。原土地权利人如果对土地财产独立享有占有、使用、收益、处分完整的财产权，则能够增强与政府对抗协商的砝码，政府从尊重宪法财产权角度，会采取与原土地权利人平等协商对等议价的市场化方式取得公益用地。相反，如果原土地权利人对于土地不能享有独立完整的财产权（特别是处分权），政府会舍弃高成本的市场协商方式，转而使用具有效率优势的强制性的行政化取得方式。

所以，从当事双方法律地位和财产权享有程度角度来看，公益用地取得行政化方式上位，市场方式因为缺少存在的环境，略显不足甚至明显不足。强制性的行政化方式垄断，市场方式阙如是我国公益用地取得方式制度的显著缺陷。

二、私法调整机制的缺乏

公权力对私权利的限制是“国家干预”理念的体现，是公法调整的典型特征。现行的土地征收、征用、公益征收、土地收回等强制性行为，是以公共利益存在为正当性基础，以维护公共利益即“公益”为主要目的，调整的是国家、政府与原土地权利人之间的土地所有权、使用权关系。受计划经济影响，我国强制性的取得方式具有明显的公权力特征，单方意志明显，在权利面前权力优先。公益用地取得行为两端明显存在不平衡、不对等的法律关系。一边是居于高位处于强势的国家及政府，另一边则是位卑言轻的享有不完全财产权的原土地权利人。由于法律关系的不平等，国家及政府不会舍弃“低成本、高效率”的强制公权力取得方式而采用市场化私权方式。强制性取得方式的应用，排斥市场交易行为存在。因此，现行的公益用地取得行为无不彰显出传统公法的调整方式。土地征收是国家垄断土地一级市场的手段，是强制性地将集体所有土地转变为国有的唯一方式。在土地征收中国家单方确定征收土地的区位、范围、补偿标准、形式等，集体经济组织及成员参与不足。城市公益征收、土地收回、征用的行政性强制公权，在面对土地权利时也尽显其公权力优先、私权利让步的传统公法特征。土地征收、征用、公益征收、土地收回等强制性方式原本是公共利益与私人利益的平衡器，是实现公共利益的合法手段方式。但现行公益用地取得行为强调公共利益的维护与实现，忽视私人财产及土地权益的保护。公权力与原土地权利人利益发生冲突时，原土地权利人因强制性的取得方式而遭受“特别牺牲”。特别是因公共利益规定不明的情况下，权力自身的滥权性和扩张性结合政府的利益追逐，强制性方式无疑是对私有权利的践踏与戕害。现行公益用地取得方式诠释了公法权力轴心，注解了不平等的法律关系。国家以及政府作为公共权力的代表，应利用自由、平等、自愿、合意的私法方式交易，通过尊重权利控制公权力来维护私权利。

三、权属转移方式的制度不足

我国的公益用地强制性取得方式均以实现权属转移为特征，并没有权利的限制性方式。国家为公共利益之需要，要求原土地权利人将相应的土地所有权和使用权等他项权利向国家让渡和转移。原土地权利人丧失相应的土地权利，而国家由此获得相应的权利，财产权实现了转移。在农村，是集体土地所有权和他物权向国家转移；在城市，是国有土地使用权及他物权由国家收回。强制性取得方式所引起的土地物权的变更具有不可逆性，特别是集体土地所有权的变更，一旦被征就不能恢复到原集体土地所有权的状态，所以权属的让渡或转移是一个剧烈的利益博弈的过程，时常引发矛盾冲突。

四、利益补偿的非公平

利益补偿是基于利益平衡原则，因行政权对私权造成的损害给予的填补与恢复。国家作为公益用地取得人使用强制性取得方式对原土地权利人因公共利益所遭受的特别牺牲所给予的补偿。国家或政府所给予原土地权利人的补偿要遵循公平的原则，补偿要考虑土地的市场价值和原土地权利人因公共利益而遭受的损失。我国公益用地强制取得不是无偿而是有偿地进行，补偿性是基础，因为“公益重于私益”，公权力对土地权利造成了“特别牺牲”，所以基于利益平衡原则，只有给付了对称性的补偿，强制取得公益用地才是公平的。无论是土地征收、征用，还是公益征收、土地收回，我国《物权法》《土地管理法》及其实施条例都规定以补偿方式来弥补造成的“特别牺牲”。有关公益用地强制性取得方式的法律虽然规定了需给予“相应的补偿”“适当补偿”“退还相应的土地出让金”等，但是从根本上说因为源于计划经济，所以实际上并无补偿。即使有补偿也并非按照市场价格，而是按照政府评估价格补偿，并且对于国有和集体土地的补偿采取差别化的补偿标准。在城市，公益征收只针对房屋等地上附着物补偿，对土地使用权不予补偿；在农村，土地征收对土地给予的补偿标准低、范围窄。无论是公益征收补偿，还是土地征收补偿都是政府定价，政府的评估价格远不能弥补原土地权利人的“特别牺牲”。政府单方确定征收补偿标准，不能体现土地真实市场价值。补偿是对原土地权利人以往投入损失的补偿，不能体现和尊重土地的市场价值以及区位差异和潜在的收益。《土地管理法》第47条、《土地管理法实施条例》第26条对土地补偿费的规定，是对被征收土地的原用途和原产值的补偿，被征地的权能特点以及商品价值没有得到充分地考虑。强制性的取得方式不尊重土地的价值，是对价值规律和利益平衡原则的违反。公益用地强制性取得方式转移了土地权利，为弥补原土地权利人因此而受到的利益损失，征地后必须给予其公平补偿，否则土地权能将形同虚设。强制性需建立在符合公共目的和公平补偿的基础上，否则就是公权力滥用。只有在承认土地真实市场价值的基础上，政府才能与原土地权利人平等协商，运用市场化的购买方式取得公益用地。

市场经济条件下，土地有偿使用，土地使用权被赋予价值内涵，强制性取得方式回避市场价值，公权力规避补偿，导致强制性取得方式制度难以自洽。强制性取得方式本质上应是一种强制性的购买，强制性是对取得的保障，并不排斥和否定市场机制。强制性取得方式虽不能按照市场方式与原土地权利人协议谈判，但都应给予原土地权利人公平的对称性市价补偿。

第三节　现行公益用地取得问题的制度成因

一、公益利益泛化

公共利益缺乏具体的解释规定，造成公共利益泛化。《宪法》《土地管理法》虽然规定公共利益需要可以征收征用土地，但是对于何为公共利益，公共利益、公益用地的范围边界语焉不详。加之《土地管理法》第43条任何人申请建设用地都可通过农地转用的征收方式取得的规定，使公共利益乃至公益用地被无限扩张解释。《土地管理法实施条例》第20条亦将土地征收权由宪法规定的“为公共利益的需要”扩大为“为实施城市规划占用土地”，显然这个规定与宪法精神不一致。“公共利益”边界不明，扩大了政府自由裁量权。反过来，由于存量建设用地紧张，土地市场需求量大，部分地方政府觊觎土地利益，土地征收假借“公共利益”，国家经济建设或商业建设仍通过土地征收实现。对于公益性和经营性建设用地法律中之所以出现表述的不一致，也可能是因为立法者出于国家建设的考虑而不加以区分。如此周而复始广义化了公共利益的涵义，导致土地征收权的滥用，最终土地征收背离公共利益，不利于对土地这种稀缺资源的利用和保护。所以，概括性的法律规定赋予了地方政府解释“公共利益”概念的自由裁量权，为随意扩大征地范围扫除了制度上的障碍。因此，《宪法》《土地管理法》《土地管理法实施条例》之间的条款表述过于原则，不完全一致成为土地征收权滥用的法律根源。

公益用地判断欠缺审查机制，导致征收背离公益。由于公权无以制衡，权利保护不足等原因，公益用地判断审查机制程序设计存在欠缺。土地取得的强制性方式彰显了“国家本位”思想，没有给予原土地权利人民主参与的权利，更没有将强制性取得方式的目的合法性审查纳入程序设计之中。而这必然导致公共利益外延扩张性解释，公共利益因而有可能被假借。公权力由于强制性地介入私有权利没有限制，必然滥用，导致公信力下降。完善的公权法律制度应该设置公共利益目的的合法性审查程序，构建由相关利益主体组成的审查机制，不仅使公众知情，而且还要参与其中决策判断。

二、公权力主导

实践证明，土地征收具有行政主导性，形成了“扬公抑私”的立法倾向，不分公共利益和私人利益，一概利用国家的征收权，采取强制手段征收土地，不仅带来严重的不公平问题，而且可能违反宪法的规定。[①] 征收行政行为压制和缩限了民事行为，明显具有单方面性和强制性，违反《宪法》《物权法》的财产保护和公益维护精神。而这种倾向有悖于行政法平衡理论，与物权平等保护背道而具有行政主导性的烙印。首先，公共利益认定具有行政主导性。如前所述，公共利益在宪法法律中均没有明确的界定，而在征收实践中依据《土地管理法》第 46 条，征收决定只有在国务院或省级政府批准后才予以公告。此条规定证明行政机关是界定公共利益的主体，立法授权行政机关最大化自由裁量权，最终公共利益认定上依赖于行政权。其次，征收补偿决定具有行政主导性。征收补偿依据什么原则，如何划定补偿范围，按照什么标准补偿等都由政府以行政方式决定。最后，征收程序上具有行政主导性。征收过程中原土地权利人及相关人员参与性不足，信息不对称。

土地征收行政主导性的重要原因在于地方政府的身份错位。国家对土地一级市场具有垄断性地位，公益用地来源于两个方面，一是城市中的存量建设用地，二是从农村征收而来的

---

① 参见张曙光：《经济学家和法学家就中国土地制度的对话与争鸣》，载《甘肃行政学院学报》2010 年第 2 期。

新增建设用地。无论是对城市还是农村的土地，补偿标准都比较低。由于公共利益范围法律缺位，地方政府经济人身份错位。政府既是土地资源的垄断者，又是土地征收的决策者、执行者、监督者、仲裁者，还是土地市场的交易人。在建设用地扩张和经济利益共同驱动下，地方政府往往以公益之名进行征收。由于土地征收方式所具有的强制性效率优势，可以为政府获取土地节省大量成本，国家乃至地方政府为逐渐依赖于这种征地方式。而这种强制性的行政方式反过来又对原土地权利人财产权不断进行侵犯，最终名为公益而实为私益。

三、土地权能缺失

土地所有权主体抽象，缺少具体权利主张主体，无以制约征地行为。我国《宪法》《土地管理法》规定土地为公有，分为国家所有和集体所有两种，集体土地可以通过征收成为国有土地。1982 年《宪法》将城市土地所有权悄然划归国家，居民仅对房屋具有所有权，对于国有土地享有使用权。可是，房屋所有权人这种使用权主体地位很难形成完全独立产权的维权意识。所以在面临私有房屋及土地因公益而征收时，土地使用权人缺少对土地权益保护以及对抗政府征收的行为。在农村，土地归集体所有，由集体经济组织成员共同享有和行使集体土地所有权。多元化的主体意味着没有真正的所有权主体，集体土地所有权的物权并没有排他性，土地所有权主体虚位。农民对集体土地享有的所有权权能残缺，而集体所有权又是一个虚化的权能，不足以对抗和制约征地公权。因此，土地所有权主体缺位是导致政府征地行为失范，农民合法权益受侵害的制度根源。[①]土地征收时集体土地所有权处分权被剥夺，农民不能作为转让权价格谈判的主体，集体经济组织参与性、民主意识不足，集体土地的所有权实际上由政府所掌握。市场经济条件下，虽然土地征收是强制性行政行为，但土地征收补偿应受私法的规制，遵循市场经济规则。土地征收双方主体地位是平等的，不能因为土地所有权主体虚位而忽视其补偿主体的地位。应在公平补偿、尊重财产权利的基础上，平等协商进行。而现行的土地征收无视原土地权利人作为权利主体所享有的权能，侵犯原土地权利人的合法土地财产权益，是公权力侵犯集体经济组织土地所有权和个人私有财产权。

四、过于依赖权属转移

我国土地法制一直以来规定的土地征收、征用、公益征收、土地收回等方式，无不是通过转移土地所有权或使用权来实现公益用地的取得。而恰恰因为国家对建设用地市场的垄断以及土地所有权、使用权存在国有与集体所有的差异，导致城乡建设用地市场分割。

集体土地可以通过征收等方式转变为国有，一旦所有权转移给国家，就不能逆转，而国有土地是绝不能转变为集体所有土地的。国有土地和集体土地存在的权能不平等，限制了集体

---

① 参见孔令仙：《土地国有化征收中政府行为的法律规范》，载《宜春学院学报》2014年第4期。

土地的流转。因此农民享有不完全、有期限、受控制的集体土地权能。政府掌控着集体土地所有权、使用权，通过对土地征收的控制将权利归属国有。权利转移是一个剧烈的博弈过程，土地权利转移也是一样。

其实，公益用地取得并未要求一定转移权属，不转移权属亦可实现公益。不转移权属，原土地权利人依然是权利的主宰者，就会在安全的心理环境下与国家协作共同实现公共利益。国家和政府也不用动用强制力，节省公益用地取得成本。国外通行的做法就是政府通过一定的行为对财产使用人的权利设立公共地役权，对财产所有人的权利进行限制，也称反向征收（inverse condemnation）或准征收。准征收有别于征收（eminent domain），是政府为了公共利益的需要，通过法律或行政行为对土地所有人的土地权利设置相关的限制，从而达到取得公益用地效果的制度。政府不主动强制占有征收土地，不以获得原土地权利人所有权为目的，强制性程度远不及土地征收和收回。

五、权利保障制度缺失

国家所有权至上的立法思想，注定了对原土地权利人财产权保护的轻视。我国《宪法》《土地管理法》规定土地分为国有土地和集体所有土地，并且规定集体土地可以通过征收征用转变为国有土地。无论通过公益征收房屋（地上附着物）而取得土地，还是通过土地征收取得土地而及于房屋（地上附着物），都是对附着之地或之物不予补偿或少有补偿，都是对财产权的忽视。从规定的立法思想来看，土地最终归属国有，国家垄断土地资源是总的原则理念。虽然《宪法》《物权法》对私人财产给予保障，但相对于土地征收征用的法律规定则略显不足。政府征收、征用、收回土地有《宪法》《土地管理法》《物权法》等多部法律翔实规定的保障，而对私人财产权保护只有原则性规定。并且在公共利益与个人财产权利发生冲突时，个人利益让位于公共利益的规定，使原土地权利人的土地权益在本来就保护不足的情况下更显羸弱。土地征收过程中的违法行为缺乏明确规制，土地权利保护缺失。土地征收过程中，地方政府以及官员为追求政绩、拉动经济，不惜以牺牲土地为代价，滥用征地权利、非法批地、抬高土地出让金价格、低价征收高价转卖等诸多违法行为缺少法律规制，违法行为得不到应有的处罚，诱发更多的违法行为。

六、监督机制不足

土地征收权力缺乏制约机制，征收权膨胀无阻。地方政府在土地征收的环节上，身兼征收决策者、执行者、仲裁者、交易人身份，具有决策权、管理权、监督权、收益权，身份的错位交织制度的空白，促使征收权利日益膨胀。在我国经济转型期，地方政府作为带有行政权力的经济主体，在制度层面尚不能对其切实有效地约束。国土管理体制使国土管理部门不能也无法对同级政府形成有效的监督和制约。政治制度及政治过程很少有对土地征收进行约束，法院不但不能对公共利益进行审查，裁断征收违法，反而成为征收的助力者和强制执行人。公共征收权沦为私人谋取利益的机器并滋生寻租和腐败，而无法受到制约。群众监督机制缺位，原土地权利人参与不足，原土地权利人的知情权、参与权和司法救济权得不到保障，土地征收外部监督匮乏，司法权对行政权无法形成制衡。法律对于政府违法用地的处分缺乏可操作性，无法起到应有的约束作用。权力的膨胀和监督制约制度的缺失，是政府公益用地取得行为失范的根本原因。

第六章　我国公益用地市场取得方式法律制度的构建

第一节　公益用地市场取得方式创新路径

一、公益用地市场化方向的选择模式

我国现行强制性取得方式法律制度带有严重的计划体制色彩，因而任何单纯就制度进行简单修补无助于整个问题的解决。对于强制性取得方式制度的改革，不能满足于强制方式制度自身的调整，而是将视角放在宏观角度对强制性取得方式制度进行市场化改革。市场化取得方向的改革是共同的路径选择，基于市场化程度，可将其分为完全市场化和部分市场化两种模式。

（一）完全市场化

鉴于强制性取得方式较大的制度成本，完全市场化主张充分发挥市场的机制功能，采用完全市场的方式取得公益用地，完全市

场化实际上是对强制取得方式的替代。土地征收、征用、收回等强制性方式是政府的干预行为，出现问题的原因就是没有处理好政府干预与市场调节的关系，政府干预过度，舍弃了市场机制的作用。所以，从制度外的视野进行分析，指出公共利益解释的规定性不足只是征收问题的表象，严格界定公共利益也绝非解决问题的关键，替代机制的缺乏才是根源。[①]这种独特的设计思路突破了传统思维的桎梏，从宏观上进行全面把握。

完全市场化就是通过创新征地模式来达到改革强制性取得方式制度的目的，认为应当取消土地征收等强制性的取得方式制度，改革为遵循市场公平原则，通过构建土地征购市场来实现公益用地和经营建设用地的取得。[②]具体设计方案是，由政府统一向原土地权利人征购土地取得土地所有权或使用权，再根据计划向土地使用者供地的征购制度。对公益性项目用地也采取征购制度，由政府组织公益用地单位与原土地权利人进行协商，购买土地使用权。政府既是购买者也是出卖方，也是土地规划、流转、使用的监督人。[③]

征购方式取代强制性的取得方式，有利于保护原土地权利人利益，实现市场公平，使强制性取得行为趋于规范。然而，其难点在于如何实现市场公平，其关键又在于如何形成公平的土

---

① 参见陶信平、李江鸿：《土地征收中公益性目的被泛化的根源及对策——兼谈开放集体土地一级市场的初步设想》，载《农村经济》2006年第6期。

② 参见李建建：《我国征地制度改革与农地征购市场的构建》，载《当代经济研究》2002年第10期。

③ 参见汪进元：《论经营性建设用地的政府采购——城市化进程中集体土地流转之法理思考》，载《法商研究》2011年第3期。

地市场价格。征购主要针对的是集体土地，对于取得国有土地如何适用并未言及。征购相比较平等购买是有区别的，一则是征购与购买的环节有所区别，购买是用地单位直接向原土地权利人购买，而征购是政府作为购买主体购买之后再提供给用地单位；二则是因为有政府特殊主体存在，征购较平等购买还是具有强制性的，所以从这一点上来讲政府并非完全市场化取得，但其主要意图也是采用市场运行规则。

（二）部分市场化

部分市场化就是“公益用地强制性取得与非公益征购取得并行方式”，将土地取得方式划分为“公益用地强制性方式取得”与“非公益用地征购方式取得”两种，公益性项目用地实施征收强制性方式取得，非公益性项目用地实施征购取得方式。[①] 强制性方式取得的土地实行“补偿价”，而经营性建设用地按照市场价实行“征购价”。[②] 倡导以市场取得调节为主导，以政府管制为辅助的改革方向，提出以公平待遇制度为基础，解决土地征收替代机制方式。土地征购方式尽可能由市场机制调整，允许集体经济组织及成员以用益物权参与土地一级市场的交易。扩大了征购范围并将征购与征收的适用进行时序排列，即便是公益性目的征地，也应首先通过订立合同的方式实现，如果实在达不成协议，国家才能动用征地权。

---

① 参见李俊敏、于海清、余明全：《土地征收制度改革探讨》，载《现代农业科技》2009 年第 1 期。

② 参见赵红卫：《论我国土地征收和征购法律制度的构建》，载《学术交流》2011 年第 6 期。

公益用地征收与经营性用地征购并存方式，明确划分了用地的界限，有利于控制征地范围，对防止乱征滥用耕地有积极作用。由于公益性用地和经营性用地分别采用不同的交易模式，不同性质的征地实行不同补偿标准的做法，导致同地不同价，有失公平。部分市场化模式中，非公益用地通过市场方式取得，而公益用地仍然通过征收取得，实际上并未就强制性方式有所创新，所以就公益用地取得而言并未市场化。

公益用地取得市场化方向改革模式中，无论是完全市场化方式，还是部分市场化方式都有共同的缺陷：一是它们都是集中对土地征收方式的创新路径，取得的对象仅限于集体土地，并未对国有土地的公益征收方式改革提出创新路径。二是它们都对土地征收进行痛彻的批评或否定，忽略了强制性方式的优势功能，尤其是完全市场化方式更是摒弃了强制取得方式。我们不回避现行的强制性取得方式制度的问题，然而不应就此而完全否定强制性取得方式制度的功效。现行的强制性取得方式制度具有避免规模建设用地取得供需自由谈判的无效率问题及保障粮食安全、保障农民的合法权益等职能作用。笔者认为，实现土地资源配置的市场化是我国土地使用制度改革的目标，公益用地取得方式制度改革作为土地使用制度重要组成部分，也必须围绕这一目标进行。

二、公益用地市场取得方式的路径选择

强制性取得方式是我国公益用地的法定取得方式，市场方

式规定缺位是导致诸多弊端的重要原因。因此，笔者从政府干预与市场调节的角度，以限制公权力和加强市场机制方式运用为重点，以公益用地取得的成本效率为考量进行改革路径设计。为了实现公益与私益的平衡，公益用地取得的强制性与有偿性的统一，应当运用政府与市场的手段调节公益用地取得的行为。为此，笔者建议使用市场取得方式实现土地向公益用地的转变，但同时不应就此完全否定废弃强制性的取得方式，还应发挥其效率、安全、保障功能。所以笔者主张市场方式与强制方式相结合的取得方式，发挥彼此的优势，以弥补各自单独使用的不足。为此，笔者从强制性方式去公权化和市场方式权利化两个方面进行路径设计。

（一）缩限强制性方式

1. 基于限权与授权原则缩限强制性取得方式

公益用地强制性取得方式对市场经济造成诸多的不适应性，强制性取得方式制度向市场取得方式转型是大势所趋。强制性的政府干预方式是公益用地乃至国家发展所需建设用地取得的有效方式，在快速城镇化的城市规划中起到了不可小觑的作用。出现的问题只不过在于制度设计和运行过程中的纰漏，不应完全否定强制性取得方式制度的功效，而应在授权与控权的框架下加以改进和完善。因此笔者提出，站在弱化强制性权力的去公权化角度，以“抑公扬私”的理念，采用通过控制政府公权过度介入私权，加强原土地权利人参与强制性取得过程的制度设计，构建中国现行强制性取得方式制度。强制性取得方式制度改革应按照市场经济发展的客观要求，从界定公共利益、限缩征地范围、规范政府行为、保障原土地权利人、建立约束机制等方面系统性地设计。制度设计中应设置民事前置程序、知情权制度等，加强强制性取得方式的程序控制，保证土地所有权、使用权人及相关权利人的知情权、参与权，有效控制国家行政权，防止公权力滥用。

2. 基于比例原则创新非权属转移的方式

鉴于征收等强制性方式所带来的所有权转移带来的困难和阻滞，依据比例原则的最小侵害要求，结合现有立法实际，笔者建议采用非权属转移的取得方式，可以舶来公共地役权和管制征收方式。在同等有效地达成公共利益目的的方式中，应选择采取对原土地权利人权益干涉最小的。即使符合公共利益目标，也并不意味着公益用地取得方式是正当的。只有在相对公共利益目标是必要和适当的情况下，公益用地取得方式才具有正当性。[①] 正如我国台湾地区学者陈明灿所言："兴办事业用地范围，应以其事业所必须者为限。"[②] 不进行权属转移的公共地役权方式解决公用事业等准公益用地取得问题，在节约交易成本、化简程序上具有优势。鉴于我国没有相应的物权规定，具体操作起来存在法律依据的掣肘，建议将目前我国对于土地基本用途管制以及保护文物古迹、生态环境、公用设施所为的土

① 参见庞建广:《论我国地方政府土地征收的法律限制》，上海交通大学法律系 2007 年硕士学位论文，第 27 页。

② 参见陈明灿:《土地征收导论》，台北，新学林出版股份有限公司 2013 年版，第 63 页。

地利用干预管制等法律制度中对原土地权利人的土地利用形成过度管制的法律条款规定集中起来，在现行法律中明确其名称及地位。建议参考法国、我国台湾地区的“公用地役权”制度和美国“管制征收”的规定，结合我国理论与实践中对于“公共地役权”“管制征收”制度的运用，在《物权法》中进行相应的制度规定。

（二）建立市场方式

以私权为形式的土地权利得不到充分保护，导致强制性公权力对私权的侵害是我国公益用地强制性方式屡现弊端的深层次原因。所以，从制度外的视野进行分析，公共利益法律规定不清只是问题的表象，并非问题的根源，严格限定公共利益的范围也绝非解决问题的关键，能够体现“权利化”的市场方式的缺乏才是症结所在。

这一设计路径是将公益用地和非公益用地都统一交由市场方式取得，充分发挥市场的基础性配置作用，要通过市场来配置资源和各种生产要素，这是市场经济已经确立的。[①] 尊重原土地权利人财产权及其他权利，显化土地价值，避免了公权力强制性所产生的抵抗。购买方式制度优先强制性的取得方式制度，这完全符合市场经济的运行规则，是一种制度创新，政府统一购买有助于解决征地制度矛盾，保护原土地权利人利益，实现市场公平，使强制性取得行为趋于规范。无论是公益用地还

① 参见张曙光：《经济学家和法学家就中国土地制度的对话与争鸣》，载《甘肃行政学院学报》2010 年第 2 期。

是经营性用地都统一采用购买取得方式，准公益用地及纯公益性用地也选择市场的方式取得，即首先采用订立合同的方式，如果实在达不成协议，国家才能动用征地权。具体设计方案是，由政府统一向原土地权利人征购土地取得土地所有权，再根据计划向土地使用者供地的征购制度。政府既是购买者也是出卖方，同时也是土地规划、流转、使用的监督人。而对于通过市场方式无法实现公益用地取得的，在私有财产宪法依据框架下，通过强制性方式取得来保证土地配置的公平性。保留强制性取得方式的积极功能，出于土地利用的公平和公益用地的特殊社会效果，将强制性取得方式设置为纯公益用地取得的保障方式。

第二节　明确界定公益用地的判断标准

符合公共利益是公益用地取得强制性方式使用的合法化基础，也是原土地权利人因此作出“特别牺牲”的前提。然而，我国涉及公益用地取得方式规定的《宪法》《土地管理法》《物权法》《房地产管理法》《农村土地承包法》《国有土地上房屋征收与补偿条例》等均没有对公共利益作出明确界定。公共利益是公益用地的核心要素，公共利益的界定判断决定着公共利益的实现程度。私人财产具有社会化义务，让位于公共利益。如果公共利益动辄被公权篡改，那么公共利益将会扩张外延成为权力谋取利益的工具，最后直到财产权完全消失为止。所以，公共利益及公益用地的界定与判断标准的法定化凸显出其重要性。公益用地取得方式法律制度应从实体判断和程序认定两条路径对其进行研究严格清晰界定，不仅止于静态认定规范，还应进行动态跟踪审查设计。

一、确立公益用地标准的实体规范

实体性规范设计就是在公益用地取得方式法律制度中明确规定什么是公共利益用地，公益用地的审查参照标准是什么等实体性的规范。

（一）公益用地的法定界定标准

公益用地法定界定标准就是在公益用地取得方式法律制度设计中直接规定公共利益的概念、范围等内容进行微观判断，具体包括三种形式：概括、列举和排除。笔者建议在公益用地取得方式法律制度立法中，采用概括式说明与列举式确定相结合的体例，用明显的非公益的排除方式来界定公益用地。除了抽象出“公共利益”的公共性和非排他性、受益对象的不特定性基本内涵，以不完全列举的方式明确“公共利益”的外延，还应将经营性建设用地剔除。保证在实体规范上清晰界定公益用地，从源头上将经营性建设用地划出公益用地范围，杜绝使用强制性取得方式。

因此，笔者建议在公益用地取得方式法律制度中将公益用地界定为：由政府提供的，以公共利益为目的，增进公共福利，提高经济运行效率的，为社会不特定多数公众所公平受益的，受经济法所调整的公益事业和公共设施用地。

根据《划拨用地目录》《征补条例》《房地产管理法》所列举的公益用地应包括：(1)国家机关用地和军事用地。(2)城市基础设施用地和公益事业用地。城市基础设施用地包括防灾、供排水、电力、燃气、公交、邮电、环境卫生、道路广场设施等用地；公益事业用地包括体育、医疗卫生、教育科研、社会慈善福利设施用地和公共保障房屋、宗教、文物古迹、博物馆、图书馆、文化馆、城市绿地和城市自然生态保护区等用地。(3)国家重点扶持的能源、交通、水利等基础设施用地。(4)法律、行政法规规定的其他用地。根据公益用地的服务公共利益及受益范围和营利情况，应将公益用地划分为纯公益用地和准公益用地两种，将非公共利益的经营性用地排除在外。纯公益用地是纯公共利益用途用地项目，如军事用地、国家机关用地、文教卫生用地、生态用地等具有非营利性质的纯公益项目用地；准公益用地是用途符合"公共利益"定义下具有明显的营利性质的项目用地，如高速公路用地、医院用地、能源用地、保障性用地、收费公园绿地用地。而对于纯商业利益的经营性项目用地则应归为经营性用地，排斥在公益用地范围之外。

(二)公益用地的酌定界定标准

公益用地酌定标准就是给行政司法机关设定公共利益判断标准，这些标准往往是对公益用地特征的概括把握。公益用地取得方式法律制度中应给行政司法机关提供界定"公共利益"的指导性标准。在制度设计中把握"公共利益"时坚持合法合理性、公共受益性、公平对价性、公开参与性、公权制约性、责权统一性、正当程序性七条标准。合法合理性，就是公共利益不仅符合公益用地取得方式法律制度及宪法和其他法律规定的要求，做到依法依规，而且要求切实符合公共福祉、公益事业等公共利益需求，只有有所需，才能有所取。公共受益性，是指公益用地能为不特定公众广泛受益，相较公益用地取得所带来的损失，公益用地所带来的利益远超损失。公平对价性，是指公益用地取得应按照公平市场价格为标准，考虑给原土地权利人所带来的附带损失，既立足于取得当时，又照顾原土地权利人发展，如若采用市场协商方式取得应给予原土地权利人公平的对价，若政府强制性方式取得则给予公平的补偿。公开参与性，是指公益用地的取得无论采用哪种方式，原土地权利人应充分参与公益用地取得过程。政府作为公益用地取得人应充分尊重原土地权利人的财产权利，让原土地权利人参与公共利益的评判、公益用地取得方式的选择、取得过程监督等，让原土地权利人全方位、全过程参与公益用地取得工作。最终使公益用地取得公开、透明，减少降低矛盾冲突，做到公益与私益的平衡。公权制约性，是指政府作为公共利益代表行使者，要在充分尊重原土地权利人私有财产基础上，做到授权与限权的统一。作为公共利益的授权的代表，公权力应为公共利益而为，为公共福利而谋。作为具有行政权的特殊交易主体，收敛、审慎使用强制性权力，限制公权使用。在能利用市场方式取得公益用地时，公权止于私人财产权益，禁止使用公权。在重大公共利益因私人权益阻碍无法实现时，要经过严格的授权、公开的程序，并赋予原土地权利人充分的对抗权利，遵循比例原则，适度限制公权力使用。责权统一性，是指政府作为公共利益的代表与原土地权利人协商谈判抑或行使公权力，始终应坚持责任和义务的担当。作为平等交易主体应当承担给付原土地权利人相应对价的义务；作为强制性土地征收者应当履行给予原土地权利人公平市场价格补偿的责任。正当程序性，是指公益用地的认定以及取得应当按照法定的程序依次行使，如违反程序则属无效、违法。因为只有正当合理的程序才能使公益用地在不断地纠偏中实现公共利益需求，如没有程序保障难免偏颇。

二、建立公益用地审查的程序规范

在法治环境下，实体判断只是提供了一个司法可以参照的标准、模型和样板，更为重要的应是基于正当的程序所形成的对于公益用地公益属性的程序判断。除了在实体上法定和酌定判断公益用地的标准，还要从控权与授权角度设定科学的审查机制和合理的审查标准对公益用地进行合理的审查。

公益用地取得方式法律制度在对公共利益进行判断的程序设计上，应包括听证评判制度、公示与说明公益性事由制度、土地原权利人质疑制度、法院综合审查制度等制度程序。通过信息公开、公众参与、权利人权利主张、第三方监督等方式，使公益用地真正成为“公共利益”的承载与代表。关于公益用地的判断，应当着眼于支撑公益用地应然性界定的实然性判断，应当考虑公益用地界定兼顾程序化和技术化的判断模式。

第三节 构建市场方式优先的公益用地多元取得制度

当下，我国正进入经济转型期，土地的资源性和商品性双重属性决定单纯依靠市场或政府不免会出现市场失灵或公权力失控。所以不能只执其一，顾此而失彼。鉴于目前政府过度干预的现实，宜提升市场机制作用，限制政府的权力。

公益用地取得方式的运用要有完善的法律作为依据和保障，为确保公益用地依法顺利取得，各国的立法机构都相应制定了完善的相关法律法规，我国也应建立公益用地取得方式法律制度和相应的法律框架。

笔者通过对现有公益用地取得方式制度特征的概括与存在缺陷的总结，联系我国对现有公益用地取得方式制度的改革探索，结合国外成功的制度样本和做法，提出我国公益用地取得方式法律制度应构建以市场方式为主导、强制方式为保障、创新方式为补充的刚柔相济、公私兼顾、公法与私法融合的完善的回应型法律制度。建立承认差异、尊重价值多元的法律秩序，倡导市场协商方式先行，使公权仅限为保障公益角色，强制方式审慎介入。当然，构建公益用地取得方式法律制度的同时，亦应对非公共利益的经营性建设用地方式进行规制，但考虑到本书的主旨，笔者在此不加以赘述。所以本书仅以公益用地取得方式为规制对象，包括纯公益和准公益用地的取得方式。

一、建立购买方式为主的公益用地取得制度

市场经济国家的公益用地取得经验证明，市场方式是土地资源的最高效配置方式。只有让公益用地取得行为在市场机制的主导下进行，才能通过公平市场交易，在尊重主体土地私权的前提下，通过平等协商促成公益与私益的平衡。依据公共产品供给理论，完全交由市场方式处理又是不现实的，鉴于市场的失灵，公权力不能因噎废食，为了追求公共利益的需要和实现，强制性的公权方式无疑是有力的保障性方式。

（一）设立协商购买方式

第一，将平等协商方式作为优先于强制方式的前置方式。

平等协商购买前置方式就是将平等协商方式设置为公益用地取得的前置首选方式，无论是准公益用地还是纯公益用地统一交由市场协商方式取得。政府为了弥补公共产品供给的不足依法意欲获取土地，实质上是政府通过购买方式获取土地资源的公平交易行为。[①]根据市场经济公开、公平、公正的交易基本原则，政府作为普通交易主体参与购买活动。所以平等协商购买是政府面临公益用地需求时应该首选的取得方式，应本着权利优先的理念，遵循等价交换的基本原则，依据自愿平等、协商一致的要求实现公平合理的交易，使土地权利得到充分的体现和保护。[②]在保持现有法律制度的框架下，像英美等国家一样将

① 参见庞建广：《论我国地方政府土地征收的法律限制》，上海交通大学法律系2007年硕士学位论文，第54页。

② 参见阮兴文：《公共利益征地之市场化决策机制研究》，载《特区经济》2014年第8期。

平等协商方式作为强制性取得方式的前置程序，赋予政府和原土地权利人平等的法律地位，严格保护土地财产权利，按照公平市场价格双方充分表达意愿，依据私法处理原则等价交换，充分体现公平。即使在与原土地权利人不能协商一致而适用强制性取得方式的情况下，出于权利保护和利益平衡原则，也应尽量通过协商使争议消解。市场价格的确定要以客观性价值为基础，充分考虑所要取得土地的附带损失价值，参照英国做法酌情考虑主观性价值。在制度设计中应规定："协商方式是公益用地取得的首选方式，协商不成方能适用强制性方式，但即使适用强制性方式也应按照市场交易机制与原土地权利人协商，给予公平的市场价值补偿。否则，违反协商程序的取得行为无效。如果按照协商程序，原土地权利人反对的，协商程序终止，政府可以申请强制性的取得方式。在正式授权取得强制性取得方式前，禁止政府对原土地权利人进行任何实质性侵害。"

第二，建立平等协商方式适用的法定范式程序。

如果政府有多种取得方式能同样实现公益用地取得，按照公法私法化的平等理念，应首先选择对原土地权利人权益损害最小的平等协商议价方式。协商方式为法定的取得方式，政府作为公益用地取得人应首当其冲践行协商方式。像英国一样，公益用地部门向政府提出用地需求，政府作为公益用地的生产者向原土地权利人提出协议购买价格。可参考英国和美国的做法，购买的土地价格以土地的客观性市场价格为基础，酌情考虑原土地权利人对土地的主观性价值。土地残余的分割补偿、迁移经营损失的打扰补偿、租赁权损害的补偿、临近地损害补偿等要充分考虑在内。借鉴我国台湾地区的做法，应召集原土地权利人举行公示信息、听取意见的实质性内容会议。召开协议价购会议时，政府应就兴办公益事业之公共利益性目的、工程规划、用地范围、用地取得方式以及协议价格进行详细说明。召开平等协商价购会议时，应给予原土地权利人充分阐述自己意愿、意见的权利。参与协议、协商的政府及相关人员应与原土地权利人进行详细的沟通交涉，做到公益用地取得行为从开始就符合正当的法律程序。如果没有与原土地权利人的协商程序，最终就不能动用强制性取得方式。在协商协议过程中，应一并将如协议不成将依法授权采用强制性方式、程序、相关补偿规定以及原土地权利人应该行使的权利等事项告知原土地权利人，详细加以说明。即使在动用征收等强制方式前，政府也应就协议事项再度与原土地权利人商洽，原土地权利人陈述意见，若还达不成协议，要像美国一样诉诸法庭仲裁或法院判决，经过裁决才能依法依规运用强制性方式，但在补偿数额上还应进行协商。

第三，构建政府应对平等协商无效率的处置方式。

鉴于政府在取得成片土地时，原土地权利人容易形成联合的战略抵抗，采用漫天要价等方式，故意拖延、阻碍政府购买方式取得公益用地，出于对公共利益实现效率和降低征收的行政成本的考量，在平等协商购买上可以借鉴美国近几年出现的秘密购买、土地集中区、拍卖等替代性方式。秘密购买方式是指国家政府出于公共利益需要准备购买成片土地时，采用授权第三方作为购买代理向各个原土地权利人进行购买的方式来取得公益用地。土地集中区产权安排是指原土地权利人通过多数票批准或不批准出售他(们)社区的土地给寻求成片土地的政府。在土地集中区范围内,根据每一个所有者分享的土地,按比例分配投票权,有多数人的同意,政府就可以获得整个地区的所有权,原土地权利人可按照所占比例获得他们期望的对价。如果没有多数人同意,所有者可保留他们的土地。拍卖方式,就是将土地作为一个整体的单一拍卖,促使一个划定的区域内的原土地权利人提出自己所需的土地最低价格,除以拍卖所得的份额。

（二）建立优先购买方式

政府优先购买方式不是公益用地取得的必经方式,而是仅当原土地权利人逃避财产权的社会义务抑或与开发商串通低价卖给开发商时,政府具有优先购买权。因此,在构建优先购买方式时,应借鉴荷兰和瑞典的经验,结合“土地银行”方式的土地储备来设计优先购买。政府能够优先于开发商从土地所有者手中购买土地来解决公共福利事业用地。政府优先购买方式选择具有双方自愿协商性,只有在原土地权利人拒绝优先购买方式时,强制性购买的征收才启动。因此,借鉴日本、德国经验,制度设计应十分注重市场的作用并尊重当事双方的主观意愿。优先购买应建立在市场基础上的平等协商,以公平为目标。[①]

① 参见王坤:《论我国土地征收法律制度创新》,载《中共杭州市委党校学报》2008 年第 5 期。

第一，明确优先购买方式的法律地位。

为填补我国公益用地取得方式法律规定空白，明确优先购买方式的法律地位，应在《土地管理法》和《土地储备管理办法》中明确规定因满足公共利益需要政府可以运用优先购买方式。立法应将优先购买权的层级范围限制于省一级的政府，这样设计既可以实现公益用地的取得，又可以提高调控的效率，同时能对公益用途实行监督，避免权力寻租。

第二，设置优先购买的范式程序。

在公益用地取得方式法律制度的设计上，借鉴法国设定优先发展区的经验，结合我国的土地总体规划和利用计划，规定政府行使土地优先购买权，需要经过官方调查、公益性声明、原土地权利人自愿出售房屋等地上物或政府主动要求购买、协商价格四个步骤，在土地交易价格未能协商达成一致的情况下，加入仲裁或法院裁决步骤。优先购买取得土地的程序是政府应公共利益单位公益项目的请求，代表公益提出用地需求申请。政府只有出于公共设施建设或公益性建设的需要和目的，才能行使优先购买权。然后交由人民代表大会、法院、政府、原土地权利人组成的公益调查团听证，调查项目用地目的是否符合公共利益的需要。在符合公共利益的前提下，法院签署法令进行政府优先购买“公益性声明”。然后政府主动购买土地或原土地权利人要求政府购买土地。由原土地权利人提出土地交易价格，政府作为优先购买权拥有者可以提出异议，双方进行协商谈判。双方按照市场价格进行交易，土地协商的价格最大限度考虑土地所有者的利益。若原土地权利人不接受，则由法院来确定该土地的价值。法院最后确定的价值应高于市场价值，以避免政府与法院利益交割，确保原土地权利人利益不受损失。法院确定土地价值后，原土地权利人除了将土地出售给政府别无选择。

第三，确定优先购买方式的适用条件。

为防止政府过度干预，损害正常的自由竞争，立法应规定政府优先购买方式的适用条件，以使政府公权力介入保持合理的限度。优先购买方式的具体设计条件：第一，建设用地使用权交易过程中，交易价格明显低于市场基准地价。基准地价是低于市场价格的政府评估价格，为防止政府公权介入，只有低于这个价格政府优先购买方式才能适用。第二，政府优先购买的土地用于公益用地土地储备。政府优先购买土地用于公益建设是进入土地储备的前提，如果最终没有用于公益建设，则违背优先购买的初衷。依此两个条件即可实现公益用地的保证和对政府公权的限制。

二、强制性方式限定为纯公益用地取得的保障方式

公权力是为了私权的保护和实现而缘起的，公权力与私权从源头上具有一致性。但是公权力缺少必要的限制和束缚，必然会对私权加以侵犯。公权力与私权利的对抗和冲突从未间断，法律也在两者之间进行从未停息的协调。按照现代法治尊重保护私权，限制公权的理念要求，我国公益用地取得方式上应大幅缩限强制性公权力的运用空间，减少或避免公权力对私

权利的侵犯，使强制性的方式退居保障性方式，使私权利能够在公权力严而不犯的情境下达成与公共利益的协调。笔者对涉及整合创新的土地征收、收回以及公益征收进行了制度设计，鉴于制度构建的全面性、系统性还应对土地征用有所设计，但鉴于土地征用方式只是作为临时用地的取得方式，没有发生权属的变动，鲜有应用，所以在此不做创新设计。

（一）收缩土地征收方式

第一，明确规定公共利益是土地征收的唯一法定启动条件。

公共利益是土地征收的前提和启动的唯一条件，但由于扩张性解释成为公权滥用之殇。为解决公共利益问题，作为对党的十七届三中全会、十八届三中全会、四中全会作出决定的落实，公益用地确定方式法律制度中应将公共利益及公益用地的概念定义及范围作出明确规定，缩小征地范围。《宪法》《物权法》《土地管理法》《城市房地产管理法》以其为参照进行相应调整，明确公共利益、公益用地的范围，从宪法、物权角度对土地征收方式加以强化。[①] 公共利益应成为土地征收的充分且必要条件，只有符合公共利益才能启动土地征收，土地征收只能是公益用地的保障性方式。土地征收必须具备以下充分条件：尊重土地财产权利，出于公益目的，遵守正当程序，符合比例原则、公正补偿、司法最终救济原则，遵循生存权优先，有利于社

① 参见赵红卫：《论我国土地征收和征购法律制度的构建》，载《学术交流》2011年第6期。

会发展原则。[①]

第二，以宪法、土地法律等立法方式明确土地征收的对象和客体。

按照现行法律规定，集体土地征收、土地收回与公益房屋征收名称、对象、客体不同，存在交叉重复，不利于公益用地取得方式法律制度统一构建。集体土地征收的对象是集体土地，客体是集体土地所有权。公益房屋征收的对象是国有土地上的房屋，客体是房屋所有权。土地收回的对象既可以是集体土地也可以是国有土地，客体既有集体土地所有权，又有集体土地和国有土地使用权。为使取得行为方式与取得客体匹配，使各种方式各自发挥作用，笔者建议在制度设计中，土地征收的对象还应延续现有法律制度的规定，仅限于集体土地，客体是集体土地所有权。土地收回的对象不仅包括集体土地还有国有土地，但为与土地征收分野相治，土地收回的客体应限定为土地的使用权。将公益目的集体土地转变为国有的土地收回划归土地征收，土地收回不再涉及集体土地所有权。将由房及地方式取得公益用地的公益房屋征收情况归入到土地收回方式中，填补收回国有土地使用权规定的空白。

第三，加强原土地权利人的权利保护。

以“抑公扬私”为理念，采用控制政府公权过度介入私权，加强原土地权利人参与土地征收过程的制度设计。土地征收作

---

① 参见沈开举:《土地征收的公共利益解读——一种检验反证的思路》，载《公民与法》(法学版)2013 年第 11 期。

为强制性公权干预方式，体现了公权与私权之间的关系，是专属于政府的强制性行政行为。[①]在土地征收的理论逻辑中，征收应当是市场交易方式无法实现公益用地取得的情况下，依据比例原则为弥补市场方式不足而采取的手段。所以在公益用地取得方式法律制度架构中应着重限制土地征收方式，使其止于公共利益的实现而对原土地权利人的损害最小。为限制土地征收方式，首先提倡在“抑公扬私”的理念之下，在充分尊重原土地权利人财产权利的基础上，从界定公共利益、规范政府行为、提高补偿标准、保障原土地权利人、建立约束机制等方面全面系统地设计。重点对原土地权利人的知情权、参与权、决策权、监督权、救济权等权利加以保障。借鉴英美经验，设置民事前置程序、知情权制度、买回权制度、强制征收请求权制度等一系列制度。将平等协商购买等市场方式前置于土地征收等强制方式之前。为钳制土地征收，秉持比例原则将其他强制性的方式作为缓冲。

第四，创新土地征收方式程序。

为完善公益用地取得方式法律制度，土地征收方式应作如下程序设计规定：借鉴英国、美国等强制购买制度，将土地征收方式设计成与合意购买方式相衔接的购买程序。政府作为公益用地的需用方，先从私法角度进行常态购买，由政府向原土地权利人发出要约，提出公益用地申请，以公平市场价格为基础

① 参见郭小莉：《公共征收还是私人征收：效率与分配正义》，载《北大法律评论》2012年第2期。

兼顾该土地或房屋的当时最高、最佳用途价值提出高于市场的购买价格。这样可以使原土地权利人接受政府购买，以利于减少对抗，顺利取得土地。政府征询被买方（原土地权利人）的意见，以原土地权利人发出承诺为达成。双方如约履行合同义务，常态购买终结。只有原土地权利人拒绝协议或协商未能达成一致，则政府申请强制性的非常态购买的土地征收方式才启动。政府向法院申请召开由法院主持，人大、政府、相关利害关系人组成的听证会，不经听证会不能行使征收方式。听证必须由利益相关者以外的权威部门法院主持，人大、政府、相关利害关系人参加。一则可以保证听证的公平客观，二则将裁判结果与执行无缝衔接，保证征收效率。如果裁决同意征收申请，由法院签署授权征收令，政府采用土地征收方式取得公益用地。公权力基于公共利益的目的使被征收人丧失土地上的权利，对于原土地权利人应支付其相应的对价。土地征收虽然是以公权力为后盾的强制取得方式，但其是基于自愿交易为肇始的，因此也应当遵循等价有偿的原则，利用市场规律对取得的土地予以补偿。这样既可以支付土地对价，也可以起到约束政府防止权力滥用的的作用。政府因为给原土地权利人造成了“实质性减损”，原土地权利人因此承受了“特别牺牲”，政府应给予原土地权利人公平市场价格为基础的完全补偿。补偿价格除客观性价值以外，还应将主观性价值置于酌情参考地位，将残地补偿等间接损失考虑在内。补偿金额由双方协商确定，如果达不成协议可通过仲裁或诉讼最终确定。在工程建设过程中，原土地权利人及相关人员如发现建设用地有违公益，则可提出申请买回土地或房屋等地上物。借鉴其他国家经验，如建设过程中对剩余土地、毗邻地有所损害，该原土地权利人可以提出附带征收或残地征收。当然，此过程应设置严格的公益审查判断、土地价值补偿审议并附以权利救济、诉讼的程序，使土地征收这个公权力审慎介入，充分保障原土地权利人的知情、参与权利，使公共利益真正实现。这个过程设置为一个严格的私权保护的过程、漫长的等待授权的过程，以促使政府宁愿选择高于市场价格平等协商购买。

（二）整合土地收回方式

第一，将集体土地转用的公益收回并入土地征收。

整合公益目的取得集体土地所有权的土地收回，并入土地征收方式之中。因为公共利益的土地收回制度与土地征收存在重合抑或交叉，所以在公益用地取得方式法律制度中，应整合收回与征收，调整因公共利益需要的土地收回，明确其行政征收性质，全部并入土地征收的设计之中，顺应征收取得不动产所有权客体的《物权法》规定。考虑到土地使用权被赋予的价值内涵，对于原土地权利人来讲实际上就是财产的所有权，收回方式的征收应当尊重原土地权利人财产权，给予原土地权利人公平市场价格补偿。

第二，明确土地收回的对象和客体。

明确缩限土地收回的对象仅限于不改变建设用地性质的集体土地收回和国有土地收回。由于现有的法律制度规定土地收回的对象可以是国有土地，也可以是集体土地，收回的客体可以是集体土地所有权，也可以是集体土地和国有土地使用权。所以为和土地征收方式设计形成互补、避免重复，在公益用地取得方式法律制度中应规定，土地收回客体只限于集体土地使用权收回，并且并不改变土地性质，实质上是集体土地使用权的转移。规定收回国有土地使用权的房屋征收附带后果，把公益房屋拆迁取得公益用地的方式归入土地收回方式，填补土地收回法律规定的空白，为房屋拆迁类获得公益用地方式提供法律依据。

三、创设非权属转移的取得方式制度

（一）设定公共地役权

第一，立法确定公共地役权。

公共地役权是调整公益与私益的法律规范，其所关注的是权利的保障和利益的实现。为了防止土地资源的滥用，提高土地利用效率，在公益用地取得方式法律制度中，可以通过设立公共地役权来对原土地权利人土地所有权的利用进行合理限制，从而使土地以公共利益为目的被利用，有利于公益与私益的平衡。就笔者看来，设定公共地役权方式能解决高空架线、架桥跨越和地下铺设管线穿越所产生的公益用地需求，又能符合比例原则最小损害，易于被原土地权利人接受，减少矛盾产生。设定地役权本是民法规定，以私权方式协调私有土地关系。但我国应通过《宪法》《物权法》《土地管理法》等立法方式设立基于公共利益的公共地役权，通过公共地役权对所有权的限制方式实现公益用地需求，取得工程范围内的土地地上、地下空间权。政府作为需用地人仅是要取得公益事业所需穿越或跨越的空间范围之地上、地下权，所以在工程范围内无须再通过成本高昂的征收方式取得用地的所有权。除在土地相关的法律法规中明确公共地役权外，还应将相应的《石油天然气管道保护法》《电力设施保护条例实施细则》《铁路运输安全保护条例》《文物保护法》《自然保护区条例》等进行调整，明确以"飞行地役权""公共通航权""保护地役权""通行地役权"等公共地役权实现相应公益用地取得。

第二，明确公共地役权的适用对象。

在公益用地取得方式法律制度的设计当中，应加入非权属转移的公共地役权的取得方式。特殊规定政府作为需用地人兴办架空线、跨越桥、铺设管线等需要跨越、穿越公益用地时，原土地权利人应当履行私人财产的社会义务，允许政府使用其地上或地下空间。当然，根据比例原则，地役权的设定应当最大限度地减轻供役地的负担与损害。应当在法律规定中明确，公共地役权的设立不仅要考虑公共利益，而且要考虑原土地权利人的利益，应在对权利人最小损害的原则下设立。政府仅限使用地上空间和地下空间，不能造成原土地权利人实质性损害。同时原土地权利人作为供役地权利人应被赋予司法保护请求权、反向征收权和补偿请求权。如果对土地有实质性的侵害，则应按照准征收或征收方式予以取得，作出相应的补偿。例如，政府架设输电高压线路，按照比例原则确定以公共地役权方式取得高架线路跨越之地的用益物权。但是高压线塔所占用之地就不能应用公共地役权方式取得，此时属于对原土地权利人的实质性侵害，政府应当按照“特别牺牲”予以征收，给予公平市场价格补偿。如果政府不加以征收，给原土地权利人造成了损害，原土地权利人可依据管制性征收（准征收）向政府提出申请征收，索要因此造成的损害补偿。

第三，建立公共地役权方式的适用程序。

基于比例原则，为保护原土地权利人的财产利益，在立法规定公共地役权时，应充分论证。国家或政府对他人合法的权利所进行的限制，必须遵循严格的法律程序。设定公共地役权应按照申请设立、审查、听证、决定设立、登记等程序。政府作为公益用地的需用地方提出设立公共地役权申请，然后交由权力机关人民代表大会审议设定公共地役权的合理性，组织原土地权利人及相关利益者召开听证会，由权力机关作出决定，最后进行国家不动产地役权登记。召开听证会，充分听取原土地权利人及相关人员的意见。缺乏听证举行程序，不得设定公共地役权。本着保障土地私权的原则，政府和原土地权利人应就地役权的设定进行协商，依据尊重权利人权益、平等自愿的原则取得合意。如果协商不成，政府应当将设立公共地役权的相关事宜知会原土地权利人，并予以公告。这些事宜包括公共地役权的决定、理由以及当事双方的权利义务关系、补偿原则标准、救济途径等内容。对不能通过协议实现设立但确有设立必要的，为确保公益用地的顺利取得，先由国家强制予以设立。

（二）建立管制征收

征收是一般情况下直接剥夺原土地权利人财产权益的公益用地取得方式，但特殊情况下，可以不运用正式的征收方式也可实现公益用地的取得。就是通过一些管制性立法措施对土地所有权之占有或行使予以限制，达到取得公益用地的间接效果。管制征收方式在效果上与土地征收并无二致，只不过土地征收多以行政性方式为表现，管制征收多以法律规制或规划设定为手段。征收是政府主动运用公权力，通过正当程序直接取得土地，是“自上而下”的方式。而管制征收并非国家动用征收权，而是通过对私权的限制实现公共利益需要，而原土地权利人则可请求反向征收，是“自下而上”的方式。

目前我国法律法规中虽然没有明确管制征收的名称和法律地位，但相关的规定散见于条例规章中。从目前我国的规定来看，这种管制性征收方式体现为土地用途、文物保护、生态保护等公益领域对于土地权利的限制。① 这些管制性规定基本上是为

① 如《石油天然气管道保护法》第 30 条规定，严禁在管道中心线两侧各五米范围内，取土、挖塘、修渠、修建养殖水场等。《电力设施保护条例实施细则》第 15 条规定，架空电力线路跨越下的房屋不得增加高度。《铁路运输安全保护条例》第 11 条规定，在铁路沿线的安全保护区内，除必要作业活动外，单位或个人禁止实施一些影响铁路运输安全的行为。《历史文化名城名镇名村保护条例》第 33 条规定，任何单位或者个人不得损坏或者擅自迁移、拆除历史建筑。《城乡规划法》第 4 条规定，保护耕地等自然资源和历史文化遗产，保持地方特色、民族特色和传统风貌。《文物保护法》第 18 条规定，根据保护文物的实际需要，可以在文物保护单位的周围划出一定的建设控制地带。《自然保护区条例》第 32 条规定，在自然保护区的外围保护地带建设的项目，不得损害自然保护区内的环境质量。可见，各种法律制度从立法上就对土地利用形成了最高程度的管制，土地的基本用途都遭到禁止，但国家又并不征收，形成了一种无补偿的过度管制取得方式。

了公共利益以及国家利益，一般都从立法上明确了权利设定。作为对原土地权利人的土地权利施加限制的制度安排，政府应在宪法和法律的授权下进行管制征收。如果对土地权利形成过度管制，使原土地权利人遭受特殊的牺牲，应当按照管制程度和损害程度给予相应的补偿，以此实现公益和私益的均衡。但这些规定体现了国家、政府的单方意志性，并无设定程序的相关规定，也无因为过度管制取得公益用地的补偿规定。

（三）设立土地租赁权

为呼应强制性的土地征用，应创设公益用地租赁取得方式，以此来平衡市场方式与政府方式在制度设计中的权重比例。土地租赁方式可以借鉴芬兰的经验，公益事业单位以向原土地权利人支付租金的方式取得公益用地。

租赁土地方式是按照民法的有关规定，以租赁方式取得工程范围内土地使用权。须指出的是，由于土地租赁权并非物权，不利于土地的永久使用及管理（如借用作为交通用地），所以一般多用于临时性的公益用地取得方式或在征收前急需使用土地的权宜方式，不适宜用作永久使用的公益用地取得方式。土地租赁属于取得临时公益用地的市场取得方式，如以此方式不能与原土地权利人达成租赁协议，就应配合强制性的土地征用方式取得临时公益用地，土地征用方式是与租赁方式同属非权属转移的强制性方式。

第四节 相关配套立法的完善

一、推进城乡一体化土地流转市场

通过土地市场取得非公益性的经营性建设用地是笔者在书中没有论述的隐含的取得方式设计，对于经营性建设用地以市场方式取得亦可以起到对公益用地取得规范的效果。通过土地市场取得非公益性经营建设用地，以公开规范的方式引导集体土地入市流转，确立集体土地和国有土地所有权主体的平等地位，变土地供给单轨制为双轨制，[①] 建立城乡统一的土地市场。[②] 当前制约我国土地制度走向健康发展的最重要、最根本的问题是这两种土地公有制的不平等。[③] 但面临的主要问题在于，目前我国在现有法律框架下实行土地市场垄断，并没有真正形成完善的土地市场，因此问题主要体现在土地市场的如何建立上。公益用地取得方式法律制度规范亟须做好顶层设计，贯彻落实党的十八大和十八届三中、四中全会精神，立足我国基本国情和发展阶段，坚持问题导向和底线思维，使市场在资源配置中起决定性作用和更好发挥政府作用，兼顾效率与公平，围绕健全城乡发展一体化体制机制目标，以推进城乡统一的、健

---

① 参见张曙光：《经济学家和法学家就中国土地制度的对话与争鸣》，载《甘肃行政学院学报》2010 年第 2 期。

② 参见张雷：《论我国土地征收制度的完善》，湘潭大学法律系 2005 年硕士学位论文，第 43 页。

③ 参见张曙光：《经济学家和法学家就中国土地制度的对话与争鸣》，载《甘肃行政学院学报》2010 年第 2 期。

全的建设用地市场为努力方向。[①] 十八届三中全会《决定》又一次以党的文件决定的形式提出这一要求。所以，改革征地制度、建立公益用地取得方式法律制度要求在不改变现有土地制度框架下，对《宪法》、《土地管理法》和《物权法》等相关条款作出的解释。根据中央已经确定的集体建设用地进入市场的制度改革政策，流转改革应在已有部分地区试点工作基础上进行全面推进，使其早日立法成为全国性的指导性、规范性的法律法规。剔除那些与集体经营性建设用地入市相矛盾的规定，使《宪法》《土地管理法》等法律法规具有内在协调性与外在的规范性。统一集体土地与国有土地的权利，实现公有土地内部同地、同权、同价，建立和推进城乡统一用地市场。完善公有土地的租赁、转让、抵押，活化市场方式，使其成为建设用地取得的常态方式。为规范建设集体经营性建设用地市场，应明确用地入市的范围和途径，建立健全市场相关的交易规则和监管制度。[②] 允许集体经营性建设用地使用权的流转，但所有权性质不发生改变，可以作如下设计：在符合土地利用规划、用途管制的前提下，占用集体土地的建设项目，根据项目的性质采用不同的取得方式。经批准占用集体土地建设的非公益性项目，以市场方式取得，绝对禁止使用征收、征用、收回、管制征收、公共地役

① 参见 2015 年 1 月《关于农村土地征收、集体经营性建设用地入市、宅基地制度改革试点工作的意见》，载 http://www.guotuzy.cn/html/1501/n-210621.html，最后访问日期：2015 年 1 月 15 日。

② 参见 2015 年 1 月《关于农村土地征收、集体经营性建设用地入市、宅基地制度改革试点工作的意见》，载 http://www.guotuzy.cn/html/1501/n-210621.html，最后访问日期：2015 年 1 月 15 日。

权等强制性的方式。在将集体经营性建设用地推向市场的政策背景下，在不改变土地权属性质条件下，允许农民以折价出资占有股权的方式，依法通过合理、合意的形式参与经营。

二、完善农民集体土地所有权权能制度

原土地权利人的权益之所以在征地过程中屡遭违背市场经济规律的强制性土地征收侵害，主要原因是原土地权利人没有独立完整的土地财产权。农民土地所有权权能的缺失，主要表现为土地发展权的缺位。农村集体土地所享有的只是对土地的占有、使用、部分收益和受到严格限制的处分权，这也就是导致政府面临征地时选择强制性的方式而原土地权利人无法捍卫权益等一系列严重问题的最根本原因。农村集体土地所有权与城市土地国家所有权不平等的地位造成了征地制度的矛盾与冲突。由于所有权的差别化待遇，政府经济人错位，征地背离了公共利益，成了权力寻租和获取利益的工具。严重影响了公益用地的供给，破坏了土地规划和利用计划。[①] 针对农村集体经营性建设用地土地权能不完整以及交易规则不健全等问题，应完善其产权制度，赋予其出让、租赁、入股等权能。[②]

按照中央深化改革精神要求，完善集体所有土地权能要在坚持所有制不变的前提下，明确集体土地所有权主体，建立、健

① 参见张雷：《论我国土地征收制度的完善》，湘潭大学法律系 2005 年硕士学位论文，第 42 页。

② 参见《农村土地制度三项改革试点意见出台，全面公开土地征收信息，试点坚持小范围封闭运行将在 2017 年底完成》，载 http://economy.gmw.cn/newspaper/2015-01/11/content_103637575.htm，最后访问日期：2015 年 1 月 11 日。

全完整的集体土地所有权权能，拓展发展权在内的他项权等权能，强化土地用途管制。完善建设用地使用权，保障和丰富宅基地用益物权，构建完整的农村集体土地产权制度。健全包括租赁权、转让权、抵押权以及入股权等权利在内的土地处分权。赋予集体土地和国有土地同等的权利，保障土地发展权。充分发挥集体土地的资源和资产的双重作用，最终形成产权明晰、权能明确、权益保障、流转畅顺、分配合理的城乡统一建设用地市场。积极发展农民股份合作，赋予农民更多的土地财产权利。重构集体经济组织，赋予集体资产股份权能。

三、强化土地用途管制制度

我国《土地管理法》实行土地用途管制，用地单位和个人应当在土地利用总体规划的约束下，按照确定的用途使用土地。然而作为规划的执行主体，受权力寻租、利益俘获等影响，通过修编等途径和方式破坏利用规划，是政府公权经常异化的表现。土地利用总体规划缺乏约束力，规划形同虚设，损害原土地权利人利益，降低公权力的公信力。[①]

为了达到社会公益最大化和保持城市有序发展的目的，应把公益用地取得方式限定在为公共利益实现而行使的轨道。除了按照一般性的立法原则和理念进行立法外，公益用地取得方式法律制度还必须与城乡规划和土地利用总体规划结合，实行严格的土地用途管制。结合代表性国家和地区国家的成熟经

① 参见庞建广:《论我国地方政府土地征收的法律限制》，上海交通大学法律系 2007 年硕士学位论文，第 58 页。

验，我国应从立法上确定规划的法律地位，将土地按用途严格细分，严格控制建设用地总量，促进集约利用，限制不合理利用土地的行为，使公众参与公益用地取得过程中对公益用地取得是否符合规划和公益进行监督，保证公益用地取得行为在规划的框架下行使运用，合乎用途管制。

为实现土地用途管制最优效果，应加强规划的法律控制。一要强化集体经营性建设用地使用权出让的规划控制。将规划的审批作为集体经营性建设用地使用权出让的前置控制条件；转变政府规划决策主体为规划的规制主体；强化集体经济组织遵守规划的激励机制。二要强化土地用途规制的制度适应性。强化土地用途的事先控制性；建立土地用途的物权公示制度，维护土地原用途的确定性。①

在具体的法律制度设计上，立法者应该将土地利用总体规划与《城乡规划法》相结合，在《土地管理法》中明确与城乡规划的法律关系，本着可持续发展的原则进行《土地规划法》立法，确定土地利用规划的统领地位，赋予公众广泛参与权利，使规划成为建设用地的规制依据。

① 参见郭洁：《集体建设用地使用权流转市场法律规制的实证研究》，法律出版社2013年版，第2页。

结 语

本书在现有公益用地取得相关研究文献不足的条件下，通过文字分解和性质分析，从公共产品理论切入对公益用地取得方式的概念进行解读，对公益用地取得法律关系的主体、客体、行为内容进行细致分析。在对强制性取得方式的制度成本与收益的比较的基础上，结合公益用地市场取得方式的法学、经济学理论依据，指出公益用地市场取得方式的正当性，并从国外的制度样本的验证中得出共同的市场化趋势。基于正当性理论基础和现实依据，本研究创建了公益用地取得方式的选择标准和制度适用条件，意在为制度构建创设模型。为使论题更具有现实意义和制度构建的稳定性，本研究对我国的现行公益用地取得方式进行了制度评价，并从我国的市场化方向的改革和创新做法进行市场方式制度的再验证，从而说明市场取得方式的正当性及取得方式选择标准和条件的适用性。为了建构我国公益用地市场取得方式的法律制度，本研究又从现有强制方式市场方向创新模型进行分析，结合国外市场化方式制度经验以及取得方式的选择标准和条件，提出适合我国的制度设计。

本研究还有诸多不足，需日后进一步深入。师夷长技固然是好的，但如何将国外的公益用地市场取得方式制度与我国国情贴合对接，需进一步观察研究。在现有宪法及土地法律等上位法没做修订的立法背景下，做到公益用地市场取得方式制度构建也绝非易事。由于市场取得方式的立法空白，导致本书研究中所收集的实证材料缺少，论证中略显不足。市场方式除了购买以外，还应包括置换、入股、抵押、PPP 等方式，所以公益用地市场取得方式亦应有多样性，本研究只创设购买方式和限权的方式，从系统性、全面性上看，有以偏概全之嫌。本书之所以只考虑购买方式，也是出于公益用地的特殊地位及作用考量。由于土地是准公共产品，公益用地属于特殊的公共产品性，所以不宜采用其他市场方式。由于本研究所建立的公益用地市场取得方式法律制度还不够完善，加上土地制度改革是一项系统工程，它涉及诸多相关配套制度的改革和完善，因此要求我们在实践中及时发现问题并寻求解决问题的方法，使之更好地服务于我国的经济建设。

参考文献

一、外文著作类

[1]Steven Shavell, "Foundations of Economic Analysis of Law", *Harvard University Press*, 2004, pp.128–155.

[2]Thomas W.Merrill and Henry E.Smith, "Property and Property Rules", *American Law&Economics Association Annual Meetings*, 2004–law.bepress.com, pp.1220–1295.

[3]Thomas J.Miceli and Kathleen Segerson.2007a, "The Economics of Eminent Domain: Private Property, Public Use, and Just Compensation", in *Found Ations and Trends in Microeconomics*, W.Kip Viscusi, *ed., Now Publishers*, pp.56–159.

[4]Richard A.Epstein, "In and Out of Public Solution: The Hidden Perils

of Forced and Unforced Property Transfer", in *Property Rights: Cooper Ation, Conflict, and Law*.Terry L, Anderson and Fred S.Machesney, eds., *Princeton University Press*, 2003, pp.102-125.

[5] Murning, Dundas&Wilson and Evans, "Review of Compulsory purchase and Land Compensation", *Scottish Executive Central Research Unit*, 2001, p.32.

二、外文期刊论文

[6] D.Adams, "Compulsory Purchase under Planning Legislation", Aberdeen Papers in Land Economy-Discussion paper 96-05, *Department of Land Economy, University of Aberdeen*, 1996, p.98.

[7] Gregory S.Alexander, "Eminent Domain and Secondary Rent-Seeking", *1 Nyu J.L.&Liberty*, 2005, p.958.

[8] Far I.Brubaker, "Free Ride, Free Revelation, or Golden Rule", *Journal of Law and Economics*.18, April, 1975, pp.147-161.

[9] C.D.Fraser, "On the Provision of Excludable Public Goods", *Journal of Public Economics*, Vol.60, 1996, pp.111-130.

[10] D.J.Young, "Voluntary Purchase of Public Goods",

Public Choice, Vol.38, No.1, 1982, pp.73–85.

[11] Daniel B.Kelly, "Acquiring Land Through Eminent Domain: Justifications, Limitations, and Alternatives", *Research Handbook on the Economic Analysis of Property Law*, Kenneth Ayotte&Henry E.Smith, eds., Edward Elgar 2011, pp.3–32.

[12] Daniel B.Kelly, "The 'Public Use' Requirement in Eminent Domain Law: A Rationale Based on Secret Purchases and Private Influence", *Cornell L.Rev.*, March 9, 2006, pp.7–26.

[13] Daniel B.Kelly, "Pretextual Takings: Of Private Developers, Local Governments, and Impermissible Favoritism", *Ct.Econ.Rev.*17, No.1, February 2009, pp.31–38.

[14] H.Demsetz, "The Private Production of Public Goods", *Journal of law and economics*, October 13, 1970, pp.5–11.

[15] Nicole Stelle Garnett, "The Neglected Political Economy of Eminent Domain", *Mich.L.Rev.*, January 13, 2006, pp.101–150.

[16] H.Demsetz, "The Private Production of Public Goods", *Journal of Law and Economics*, Vol.13, No.2, 1970, pp.293–306.

[17] Michael A.Heller and Rick Hills, "Land Assembly Districts", *Harv.L.Rev*.Vol.121, No.6, 2008, pp.1465–1527.

[18] J.M.Buchanan, "Joint Supply, Externality and Optimality", *Economica*, Vol.33, No.132, 1966, pp.404–415.

[19] R.D.Auster, "Private Markets in Public Goods", *Quarterly Journal of Economics*, Vol.91, No.3, 1977, pp.419–430.

[20] R.J.Aumann, M.Kurz and A.Neyman, "Voting for Public Goods", *The Review of Economic Studies*, Vol.50, No.4, 1983, pp.677–693.

[21] R.J.Staaf, "Privatization of Public Goods", *Public Choice*, Vol.41, No.3, 1983, pp.435–440.

[22] Shapiro, Perry and Jonathan Pincus, "The L2H2 Action: Efficiency and Equity in the Assemblage of Land for Public Use", *(Working Paper), available at http://www.economics.adelailde.edu.au/research/papers/doc/wp2008.06.pdf*, pp.209–223.

[23] Perry Shapiro and Jonathan Pincus, "Efficiency and Equity in the Use of Eminent Domain, with Local Externalities", *working paper, on file with the author, version of June 25, 2009*, pp.57–71.

[24] Steven Shavell, "Eminent Domain versus Government Purchase of Land Given Imperfect Information About Owners' Valuations", *J. L. &Econ.*, Vol.53, No.1, 2010, pp.1-27.

[25] Y.Barzel, "The Market for a Semipublic Good: The Case of the American Economic Review", *The American Economic Review*, Vol.61, No.4, 1969, pp.665-674.

三、中文著作类

[26] 陈明灿:《土地征收导论》,台北,新学林出版股份有限公司2013年版。

[27] 陈新民:《德国公法学基础理论》,山东人民出版社2001年版。

[28] 房绍坤、王洪平:《公益征收法研究》,中国人民大学出版社2011年版。

[29] 郭洁:《集体建设用地使用权流转市场法律规制的实证研究》,法律出版社2013年版。

[30] 郭洁:《土地所有权一体保护立法研究》,知识产权出版社2012年版。

[31] 郭洁:《土地资源保护与民事立法研究》,法律出版社2002年版。

[32] 贺雪峰:《地权的逻辑:中国农村土地制度向何处

去》，中国政法大学出版社 2010 年版。

[33] 李昌麒：《经济法学》，法律出版社 2008 年版。

[34] 卢现祥：《新制度经济学》，武汉大学出版社 2011 年版。

[35] 麻宝斌：《公共利益与政府职能》，吉林人民出版社 2003 年版。

[36] 漆多俊：《经济法基础理论》，武汉大学出版社 2000 年版。

[37] 秦明周：《美国的土地利用与管制》，科学出版社 2004 年版。

[38] 王卫国：《中国土地权利研究》，中国政法大学出版社 1997 年版。

[39] 徐凤真：《集体土地征收制度创新研究》，法律出版社 2012 年版。

[40] 张守文：《经济法理论的重构》，人民出版社 2004 年版。

[41] 赵旭东、王光进：《土地征收与房屋拆迁中的利益冲突及其法律调整》，法律出版社 2013 年版。

四、中文译作类

[42] [美] 约瑟夫·E. 斯蒂格利茨：《经济学》，梁小民等译，中国人民大学出版社 1998 年版。

[43] [美] 安东尼·B. 阿特金森、约瑟夫·E. 斯蒂格里茨：

《公共经济学》，蔡江南、许斌、邹华明译，上海三联书店1992年版。

[44][美]詹姆斯·M.布坎南:《民主过程中的财政》，唐寿宁译，上海三联书店1992年版。

[45][美]鲍德威、威迪逊:《公共部门经济学》，邓力平译，中国人民大学出版社2000年版。

[46][英]亚当·斯密:《国民财富的性质和原因的研究》(下卷)，郭大力、王亚楠译，商务印书馆1996年版。

[47][加]约翰·利奇:《公共经济学教程》，孔晏、朱萍译，上海财经大学出版社2005年版。

[48][美]曼昆:《经济学原理》，梁小民译，机械工业出版社2001年版。

[49][美]埃莉诺·奥斯特罗姆:《公共事物的治理之道——集体行动制度的演进》，余逊达、陈旭东译，上海三联书店2000年版。

[50][英]霍布斯:《利维坦》，黎思复、黎廷弼译，商务印书馆1985年版。

五、中文期刊类

[51]蔡怀卿:《美国之土地使用法管制以及其宪法许可界限》，载《玄奘法律学报》2004年第2期。

[52]陈年冰、王凯峰:《论集体土地征收中“公共利益”的程序控制——以农民土地权利的保护为视角》，载《暨南学报》

（哲学社会科学版）2009 年第 5 期。

［53］陈平：《土地征用制度的完善》，载《安徽大学学报》（哲学社会科学版）2004 年第 3 期。

［54］陈伟：《瑞典土地银行经验及其对我国用地储备的启示》，载《广西经济管理干部学院学报》2005 年第 3 期。

［55］陈小君：《农村集体土地征收的法理反思与制度重构》，载《中国法学》2012 年第 1 期。

［56］陈应珍：《试论土地征收的理念重构与制度完善》，载《理论月刊》2007 年第 1 期。

［57］陈莹、谭术魁、张安录：《公益性、非公益性土地征收补偿的差异性研究——基于湖北省 4 市 54 村 543 户农户问卷和 83 个征收案例的实证》，载《管理世界》2009 年第 10 期。

［58］程晋予：《我国农村公共物品供给的法律制度研究》，载《产业科技论坛》2013 年第 11 期。

［59］崔兆霞、厉霞、赵中华等：《论土地征用制度改革的方向》，载《山东省农业管理干部学院学报》2006 年第 1 期。

［60］单飞跃：《公共经济法：经济法的本质解释——兼与李曙光〈经济法词义解释与理论研究的重心〉一文商榷》，载《政法论坛》2006 年第 3 期。

［61］邓锋、帅文波、李炯华：《“修宪”后新的“土地征用”范畴初探》，载《中国国土资源经济》2006 年第 4 期。

［62］邓乐、李文婷：《关于公共地役权相关问题的思考》，载《黑龙江省政法管理干部学院学报》2011 年第 5 期。

[63]丁成日:《中国征地补偿制度的经济分析及征地改革建议》,载《中国土地科学》2007年第5期。

[64]董长春:《权力的私人性及其法律控制》,载《社会科学论坛》2005年第5期。

[65]方乐坤:《我国土地征收中的公共利益评断模式分析——兼及代议均衡型公益评断模式的成立》,载《河南社会科学》2010年第5期。

[66]房绍坤、王洪平:《从美、德法上的征收类型看我国的征收立法选择——以"公益征收"概念的界定为核心》,载《清华法学》2010年第1期。

[67]房绍坤、王洪平:《集体土地征收改革的若干重要制度略探》,载《苏州大学学报》(哲学社会科学)2013年第1期。

[68]房绍坤、王洪平:《论我国征收立法中公共利益的规范模式》,载《当代法学》2006年第1期。

[69]费安玲:《对不动产征收的私法思考》,载《政法论坛》2003年第1期。

[70]冯乐坤:《对我国土地征用补偿方式的反思——一种社会保障的视角》,载《法商研究》2005年第5期。

[71]付铎、洪小潞:《土地征收视野下的公共利益法律界定研究》,载《国家行政学院学报》2009年第6期。

[72]高建伟:《美国土地征收中的"公共利益"》,载《美国研究》2011年第3期。

[73]高孟琿、申金燕、高金全:《征地制度改革再思考》,

载《中国土地》2006年第12期。

[74]高志宏:《公共利益的非营利性研究——以公共利益与商业利益的关系为视角》,载《法治研究》2012年第4期。

[75]辜晓丹:《美国历史上有关征收及警察权的若干案例的解析》,载《法制与经济》2010年第3期。

[76]管栩、金晓斌、周澎湃等:《公益性用地界定方法探讨》,载《中国土地科学》2013年第6期。

[77]郭洁、赵宁:《论保障房用地法律制度的创新》,载《法学研究》2014年第1期。

[78]郭洁:《土地征用若干民事法律问题研究》,载《社会科学辑刊》2001年第2期。

[79]郭洁:《土地整理过程中宏观调控法律问题研究》,载《中国法学》2003年第6期。

[80]郭小莉:《公共征收还是私人征收:效率与分配正义》,载《北大法律评论》2012年第2期。

[81]韩大元:《宪法文本中"公共利益"的规范分析》,载《法学论坛》2005年第1期。

[82]胡元聪:《公共产品供给的经济法视野——以市场与国家关系为视角》,载《经济体制改革》2007年第6期。

[83]黄郭城、刘卫东:《关于城市公益用地价格评估的思考》,载《价格月刊》2006年第5期。

[84]黄明欣:《公共产品供给机制创新及其法律规制》,载《华中农业大学学报》(社会科学版)2008年第3期。

[85]黄志斌、印通:《土地征收视野下“公共利益”之探讨》,载《时代法学》2013年第2期。

[86]黄祖辉、汪晖:《非公共利益性质的征地行为与土地发展权补偿》,载《经济研究》2002年第5期。

[87]姜明安:《公共利益与“公共利益优先”的限制》,载《中国发展观察》2006年第10期。

[88]蒋光辉:《瑞典、荷兰土地银行简介》,载《中国建设信息》2001年第15期。

[89]蒋雯:《论我国土地征购制度的构建》,载《国土资源科技管理》2007年第1期。

[90]靳相木:《解析征地制度改革的主流思路》,载《中国农村经济》2008年第4期。

[91]孔令仙:《土地国有化征收中政府行为的法律规范》,载《宜春学院学报》2014年第4期。

[92]李长健、徐海萍、辛晨:《权力、权利和利益的博弈——我国当前土地征收问题的法律和经济分析》,载《经济体制改革》2008年第1期。

[93]李超峰:《土地征收中公共利益的界定探索》,载《商业时代》2011年第3期。

[94]李成武:《公共产品提供和生产的理论分析及其启示》,载《财政研究》2003年第3期。

[95]李建建:《我国征地制度改革与农地征购市场的构建》,载《当代经济研究》2002年第10期。

[96]李俊敏、于海清、余明全:《土地征收制度改革探讨》,载《现代农业科技》2009年第1期。

[97]李蕊:《国外土地征收制度考察研究——以德美两国为重点考察对象》,载《重庆社会科学》2005年第3期。

[98]李蕊:《论公共利益的界定》,载《山西财经大学学报》2005年第2期。

[99]李玉虎:《论交易成本理论与经济法的调整对象》,载《兰州商学院学报》2001年第4期。

[100]李珍贵:《美国土地征用制度》,载《中国土地》2001年第4期。

[101]廖喜生、陈甲斌:《我国非公共利益用地制度的缺失与构建》,载《中国国土资源经济》2008年第10期。

[102]刘国臻:《论我国土地征收公共利益目的之边界》,载《中国行政与管理》2010年第9期。

[103]刘晶、朱道林、林瑞瑞、谌业美、黄润龙:《英国土地强制购买制度及其启示——基于典型案例的分析》,载《世界农业》2012年第9期。

[104]刘婧娟:《加拿大土地征收程序及补偿制度研究》,载《改革内参》(综合版)2012年第12期。

[105]刘连泰:《"公共利益"的解释困境及其突围》,载《文史哲》2006年第2期。

[106]刘骞:《关于我国土地征收制度中公共利益的思考》,载《法制与社会》2009年第33期。

[107]刘向民:《中美征收重要问题之比较》,载《中国法学》2007年第6期。

[108]刘向南、曲福田:《土地征用制度改革问题综述》,载《南京农业大学学报》(社会科学版)2005年第4期。

[109]刘志强、蔡卫华:《其他国家(地区)关于公共利益的界定及借鉴》,载《土地与不动产》2011年第10期。

[110]刘宗劲:《中国征地制度中的公共利益:异化、反思及超越》,载《当代经济研究》2009年第10期。

[111]柳砚涛、刘宏渭:《行政法的嬗变:由公法到公私法合一》,载《甘肃政法学院学报》2006年第6期。

[112]龙翼飞、杨一介:《土地征收初论》,载《法学家》2000年第6期。

[113]楼利明:《论公共利益——一种哲学式的诠释》,载《浙江学刊》2007年第4期。

[114]陆红生、韩桐魁:《关于土地征用制度改革若干问题的思考》,载《华中农业大学学报》(社会科学版)2003年第1期。

[115]鹿心社:《积极探索,勇于创新,大力推进征地制度改革——在征地制度改革试点工作座谈会上的讲话》,载《国土资源通讯》2001年第9期。

[116]吕振臣:《我国土地征用制度改革的方向判断与政策分析》,载《中国行政管理》2007年第5期。

[117]吕忠梅、廖华:《论社会利益及其法律调控——对经

济法基础的再认识》，载《郑州大学学报》（哲学社会科学版）2003年第1期。

[118] 罗建：《我国土地利用的过度管制问题——以公共地役权为解决方案》，载《中国不动产研究》2013年第00期。

[119] 孟继超：《物权法视野下土地征收之公共利益探究》，载《中南民族大学学报》（人文社会科学版）2011年第1期。

[120] 钱弘道、吴亮：《论行政征收的公共利益判断》，载《法律科学》（西北政法大学学报）2007年第6期。

[121] 钱忠好、曲福田：《中国土地征用制度：反思与改革》，载《中国土地科学》2004年第5期。

[122] 秦伟、杨占勇：《论所有权及其权能分离的双向性》，载《东岳论丛》2011年第4期。

[123] 屈茂辉：《我国国家所有权的征收取得制度探讨》，载《求索》2001年第2期。

[124] 阮兴文：《公共利益征地之市场化决策机制研究》，载《特区经济》2014年第8期。

[125] 邵华：《论经济法保障公共产品供给的必要性与正当性》，载《经济法论坛》2010年第00期。

[126] 邵志华、黄庆阳：《论划拨土地使用权的法律性质》，载《湖北广播电视大学学报》2006年第5期。

[127] 沈开举：《论征收征用权》，载《理论月刊》2009年第2期。

[128]沈开举:《土地征收的公共利益解读——一种检验反证的思路》,载《公民与法》(法学版)2013年第11期。

[129]沈萍、袁琰:《论土地征用行为的经济法规制》,载《经济法论坛》2003年第00期。

[130]宋志红:《论强制收回土地使用权的征收法规制》,载《中国国土资源经济》2011年第3期。

[131]孙文华:《地方政府道德风险与农民失地问题》,载《中国土地科学》2008年第6期。

[132]唐双娥、郑太福:《法学视角下我国土地分类之完善》,载《湖南师范大学社会科学学报》2011年第6期。

[133]唐祥来:《公共产品供给模式之比较》,载《山东经济》2009年第1期。

[134]唐忠民:《我国应制定专门的公益征收征用法》,载《西南师范大学学报》(人文社会科学版)2004年第4期。

[135]陶广峰、杨仕兵:《公共物品供给法律规制的制度选择》,载《经济法论丛》2008年第1期。

[136]陶信平、李江鸿:《土地征收中公益性目的被泛化的根源及对策——兼谈开放集体土地一级市场的初步构想》,载《农村经济》2006年第6期。

[137]田喜清:《私法公法化研究》,载《政治与法律》2011年第11期。

[138]汪东升:《我国土地征收制度存在的弊端及其改革建议》,载《行政与法》2012年第10期。

[139]汪新胜、汪进元:《公益性建设用地与经营性建设用地的界分及其法律化》,载《江汉大学学报》(社会科学版)2011年第1期。

[140]王广正:《论组织和国家中的公共物品》,载《管理世界》1997年第1期。

[141]王洪平、房绍坤:《论公益征收法律关系的性质》,载《中州学刊》2010年第5期。

[142]王家庭:《国外土地储备成功的经验及其启示》,载《南方国土资源》2005年第10期。

[143]王家庭:《土地储备制度运行的国际经验及其借鉴》,载《上海房地》2006年第2期。

[144]王景斌:《论公共利益之界定——一个公法学基石性范畴的法理学分析》,载《法制与社会发展》(双月刊)2005年第1期。

[145]王坤:《论我国土地征收法律制度创新》,载《中共杭州市委党校学报》2008年第5期。

[146]王利明:《论征收制度中的公共利益》,载《政法论坛》2009年第2期。

[147]王留军、徐晓萍:《我国集体土地征收制度的问题及改革取向》,载《辽宁农业科学》2013年第6期。

[148]吴小坚、唐晓莲:《我国土地征用制度改革若干问题探讨》,载《农村经济》2005年第6期。

[149]吴晓洁、黄贤金、张晓玲、钟太洋:《征地制度运行

成本分析——以通启高速公路征地案例为例》,载《中国农村经济》2006年第2期。

[150]席恒:《公共物品多元供给机制:一个公共管理的视角》,载《人文杂志》2005年第3期。

[151]鲜艳:《论公共物品政府供给的法律机制》,载《四川行政学院学报》2008年第6期。

[152]肖宇:《对中国"公共地役权"制度的探讨和立法建议》,载《中国土地科学》2009年第9期。

[153]肖泽晟:《公物的二元产权结构——公共地役权及其设立的视角》,载《浙江学刊》2008年第4期。

[154]谢清树:《中国土地征用制度的改革——与市场经济国家土地征用制度的比较》,载《开放时代》2005年第5期。

[155]邢发齐:《我国土地征收市场化改革研究论纲》,载《河北法学》2012年第3期。

[156]邢发齐:《我国现行的土地征收制度利弊研究》,载《河北法学》2009年第9期。

[157]邢益精:《中国征收与征用制度综述》,载《公法研究》2007年第5期。

[158]徐凤真:《集体土地征收中"公共利益"被泛化的根源与化解路径探析》,载《齐鲁学刊》2010年第4期。

[159]徐广才、康慕谊、赵从举、冯文利、赵斌:《英国强制征购土地的补偿制度及其借鉴》,载《中国土地科学》2007年第1期。

[160]徐鹏:《公共利益法律化及其在土地征收制度中的践行》,载《山东社会科学》2011年第3期。

[161]徐文:《合意与强制:论集体土地征收三大难题的破解——以英国土地强制购买制度为视角》,载《学术界》2013年第7期。

[162]徐颖、李新阳:《关于重构我国公共设施用地分类的思路探讨》,载《城市规划》2012年第4期。

[163]许英:《我国土地征收制度改革研究述评》,载《中国集体经济》2012年第16期。

[164]颜运秋、王继文:《公共产品供给的法律调整范式刍议》,载《法治研究》2009年第9期。

[165]杨蓓丽:《关于我国公共产品供给机制创新的思考》,载《商》2012年第8期。

[166]杨春禧、苟正金:《论我国土地征收制度中公共利益决策机制:反思与重构》,载《西南民族大学学报》(人文社科版)2005年第12期。

[167]杨峰:《财产征收中"公共利益"如何确定》,载《法学》2005年第10期。

[168]杨遴杰、林坚、李昕等:《国外土地储备制度及借鉴》,载《中国土地》2002年第5期。

[169]杨遴杰、周文兴:《中国政府土地优先购买权功能分析》,载《中国土地科学》2011年第2期。

[170]杨仕兵:《论公共物品非正式制度供给的法律规

制》，载《经济法论坛》2010年第00期。

[171]杨忠翻：《中英土地征用制度比较研究》，载《品牌》2013年第9期。

[172]于广思：《改革势在必行——对当前我国土地征用制度的思考》，载《中国土地》2001年第9期。

[173]于学花、栾谨崇：《国外征地制度的特点与中国征地制度的创新》，载《理论探讨》2007年第4期。

[174]余英：《有益品理论：回顾与思考》，载《财经科学》2008年第12期。

[175]曾广录：《论公共产品供给中政府规制的价值逻辑》，载《求索》2013年第1期。

[176]曾言：《论政府经济行为的经济法规制》，载《社科纵横》2007年第11期。

[177]湛中乐：《我国土地使用权收回类型化研究》，载《中国法学》2012年第2期。

[178]张冬云：《论公共利益的界定——兼评：〈物权法（草案）〉第49条》，载《社会科学研究》2007年第2期。

[179]张豪：《论房屋拆迁中土地使用权的收回模式——香港的启示》，载《中国土地科学》2009年第5期。

[180]张建文：《现代俄罗斯法上的公共地役权制度》，载《武汉科技大学学报》（社会科学版）2011年第1期。

[181]张劲农：《中国台湾省土地征用的经验及其启示》，载《国土资源情报》2007年第9期。

[182]张军连、张凤荣:《农用地转用征用的法律特征及路径选择》,载《中国土地》2001年第2期。

[183]张立彦、李银生:《芬兰公有土地租赁制度的特点与启示》,载《改革与战略》2009年第11期。

[184]张丽、杜彬:《农村集体土地征用制度改革的思考》,载《农机化研究》2005年第2期。

[185]张铃:《浅议"公共地役权"制度缺位——从架空线建设角度探讨》,载《黑龙江省政法管理干部学院学报》2009年第4期。

[186]张千帆:《"公共利益"是什么?——社会功利主义的定义及其宪法上的局限性》,载《法学论坛》2005年第1期。

[187]张全景、王万茂:《我国土地征用制度的理论考察及改革思考》,载《经济地理》2003年第6期。

[188]张旺:《论公共利益的界定》,载《理论学刊》2007年第1期。

[189]张志、龚健:《从公共产品的角度界定土地征收中的公共利益》,载《国土资源科技管理》2013年第3期。

[190]赵红梅:《我国土地征收制度的政府、社会联动模式之构想》,载《法商研究》2006年第2期。

[191]赵红卫:《论我国土地征收和征购法律制度的构建》,载《学术交流》2011年第6期。

[192]赵理尘、姜杰:《国外城市土地利用制度及其对我们的启示》,载《法学论坛》2003年第2期。

[193]赵强利:《论我国土地征用制度的改革》,载《政法论丛》2004年第6期。

[194]郑传坤、唐忠民:《完善公益征收征用法律制度的思考》,载《政法论坛》2005年第2期。

[195]钟京涛:《我国公益事业供地制度探讨》,载《国土资源》2002年第2期。

[196]钟雯彬:《公共产品法律调整模式分析》,载《现代法学》2004年第13期。

[197]周飞、倪绍祥:《我国现行土地征用制度缺陷及其改革》,载《江海学刊》2004年第6期。

[198]周义程:《公共利益、公共事务和公共事业的概念界说》,载《南京社会科学》2007年第1期。

[199]朱青、高慧:《关于公共事业用地供给方式的思考》,载《地域研究与开发》2004年第4期。

[200]左平良:《紧急需要下的土地征用法律问题探析——关于〈物权法〉第44条的一个解释》,载《湖南师范大学社会科学学报》2008年第3期。

六、中文学位论文类

[201]陈佳骊:《城市公益性用地问题初探》,浙江大学管理系2004年硕士学位论文。

[202]董明涛:《我国农村公共产品供给机制创新研究》,天津大学经济系2011年博士学位论文。

[203]范振国:《公共利益的法律界定与限制研究》,吉林大学法学院 2010 年博士学位论文。

[204]纪丽娟:《土地一级开发模式研究》,西北农林科技大学管理系 2008 年博士学位论文。

[205]姜昕:《公法上比例原则研究》,吉林大学法学院 2005 年博士学位论文。

[206]庞建广:《论我国地方政府土地征收的法律限制》,上海交通大学法律系 2007 年硕士学位论文。

[207]王继文:《公共产品的法律调整模式选择及其制度构建》,湘潭大学法律系 2010 年硕士学位论文。

[208]许迎春:《中美土地征收制度比较研究》,西北农林科技大学 2011 年博士学位论文。

[209]杨遴杰:《中国城市土地储备功能与模式研究》,北京大学管理系 2002 年博士学位论文。

七、中文电子文献

[210]姜东良:《山东平度征地血案告破,开发商勾结村主任纵火》,载 http://news.163.com/14/0325/23/9O7JD2BA0001124J.html,最后访问日期:2014 年 3 月 25 日。

[211]佚名:《晋宁公布征地冲突初步调查结果:双方数百人械斗》,载 http://news.sohu.com/20141017/n405196701.shtml,最后访问日期:2014 年 10 月 17 日。

[212]莫于川:《判断"公共利益"的六条标准》,载 http:

//www.calaw.cn/article/default.asp? id=2750,最后访问日期:2017年12月24日。

[213]佚名:《香港土地使用权收回制度的启示》,载http://news. 9ask.cn/fcJf/fanben/zhuanrang/201205/1683097.shtml,最后访问日期:2014年12月9日。

[214]盛华仁:《人大关于检查土地管理法实施情况的报告全文》,载http://news.sina.com.cn/c/2004-06-24/ba3512692.shtml,最后访问日期:2014年6月24日。

[215]于建嵘:《中国城镇化与农民土地权益保障》,载http://www.china.com.cn/chinese/JingJi/1127514.htm,最后访问日期:2016年11月8日。

[216]赵蕾:《土地法律修改将提速,保障农民权益是重心》,载http://news.sina.com.cn/c/2008-10-16/121716466112.shtml,最后访问日期:2014年10月16日。

[217]陈仁泽:《关于第二次全国土地调查主要数据成果的公报及解读》,载http://www.sinan.gov.cn/art/2013/12/31/art_19_136665.html,最后访问日期:2013年12月31日。

[218]陈煜林:《2010年中国土地出让总额2.7万亿元 同比增逾70%》,载http://www.chinanews.com/estate/2011/01-07/2772655.shtml,最后访问日期:2011年1月7日。

[219]佚名:《征地制度改革方案成型:非公共利益用地不征收》,载http://finance.sina.com.cn/china/20141013/161520523730.shtml,最后访问日期:2014年10月13日。

[220]《国土部扩大农村土地制度三项改革试点统筹范围》，载 http://finance.sina.com.cn/2017-11-18/doc-ifynwnty4534873.shtm/，最后访问日期：2017 年 11 月 18 日。

[221]佚名：《国土部推进国有经营性基础设施用地有偿使用工作》，载 http://luan.loupan.com/html/news/201302/676312.html，最后访问日期：2013 年 2 月 6 日。

[222]郑风田：《集体土地征收改革的四个方向》，载 http://www.qstheory.cn/JJ/Jsshzyxnc/201203/t20120331_149008.htm，最后访问日期：2012 年 3 月 31 日。

[223]毕德鹏：《土地法内容将修改 征地补偿将提高十倍新京报》，载 http://news.youth.cn/sz/201211/t20121129_2661837.htm，最后访问日期：2012 年 11 月 29 日。

[224]高云才：《土地制度改革又一份纲领性文件》，载 http://www.cssn.cn/zx/yw/201410/t20141018_1367994.shtml，最后访问日期：2014 年 10 月 18 日。

[225]姚一然、郑思远：《多个城市试水征地改革 试点经验或全国推广》，载 http://www.sina.com.cn，最后访问日期：2012 年 10 月 8 日。

[226]佚名：《广东农地新政：农村集体建设用地可直接入市交易》，载 http://news.xinhuanet.com/banyt/2005-11/24/content_3828141.htm，最后访问日期：2015 年 11 月 24 日。

[227]佚名：《2013 年土地政策的地方实践总结与回顾》，

载 http://Money.163.com/13/1226/14/9H1D2PH800254TI5.html，最后访问日期：2013 年 12 月 26 日。

[228] 佚名：《农村土地制度三项改革试点意见出台，全面公开土地征收信息，试点坚持小范围封闭运行将在 2017 年底完成》，载 http://economy.gmw.cn/newspaper/2015-01/11/content_103637575.htm，最后访问日期：2015 年 1 月 11 日。

[229] 佚名：《农村改革试点启动：股份合作、资产赋权是核心》，载 http://finance.ifeng.com/a/20141021/13201715_0.html，最后访问日期：2014 年 10 月 21 日。

后　记

本书的撰写缘起我攻读法学博士期间的英文报告，通过对大量外文资料的翻译，使我对国外土地征收现状有所了解。学习到了其关于土地征收方面的先进经验，知悉了相关创新性研究。且我国土地征收、经营性建设用地取得的诸多弊端亟待解决，我国司法实务界和理论界并未有实际见效的政策、举措及建议。基于此，笔者作了题为“政府抑或市场：土地征收制度的改革进路”的英文报告。为了深入拓展研究，结合我国土地征收制度改革实际需要，我的博士论文定题为“我国公益用地市场取得方式法律制度研究”。经过多年理论沉淀和经验积累遂成此书。

本书能够成功出版得益于诸多专家学者、单位的关心、帮助与支持。本书在酝酿起草、行文过程中得到我的导师辽宁大学郭洁教授从研究方法的运用、整体架构设计和论证逻辑关系协调等方面的悉心指导。中国法学会行政法学会会长沈开举教授从土地征收改革理念、方向上提出了改进意见。国务院参事、我国经济法专家王晓晔教授从政府和市场平衡角度提出了宏观设计的意见。法律出版社邢艳萍老师从编辑角度字斟句酌，使本书的文字语言得以升华。我的工作单位四川警察学院给予了经费支持。

正如作英文报告时的初衷，本书出版的目的是师夷长技，对我国土地改革和土地法制建设贡献个人的意见。想法虽好，但能力有限。由于时间有限，本书在实际调研、实证研究上还有所欠缺，待日后改善增补。同时也希望有志于类似研究的同僚加以斧正。

卞宏波

二〇一九年二月

图书在版编目(CIP)数据

我国公益用地市场取得方式法律制度研究 / 卞宏波著. -- 北京：法律出版社，2019
ISBN 978-7-5197-3266-0

Ⅰ. ①我… Ⅱ. ①卞… Ⅲ. ①土地管理法—研究—中国 Ⅳ. ①D922.304

中国版本图书馆CIP数据核字(2019)第047430号

我国公益用地市场取得方式法律制度研究
WOGUO GONGYI YONGDI SHICHANG QUDE FANGSHI FALÜ ZHIDU YANJIU

卞宏波 著

策划编辑 邢艳萍
责任编辑 邢艳萍
装帧设计 汪奇峰

出版 法律出版社
总发行 中国法律图书有限公司
经销 新华书店
印刷 北京虎彩文化传播有限公司
责任校对 杨锦华
责任印制 吕亚莉

编辑统筹 法律应用出版分社
开本 A5
印张 8.25
字数 260千
版本 2019年3月第1版
印次 2019年3月第1次印刷

法律出版社 / 北京市丰台区莲花池西里7号(100073)
网址 / www.lawpress.com.cn
投稿邮箱 / info@lawpress.com.cn
举报维权邮箱 / jbwq@lawpress.com.cn
销售热线 / 010-83938336
咨询电话 / 010-63939796

中国法律图书有限公司 / 北京市丰台区莲花池西里7号(100073)
全国各地中法图分、子公司销售电话：
统一销售客服 / 400-660-6393
第一法律书店 / 010-83938334/8335　西安分公司 / 029-85330678　重庆分公司 / 023-67453036
上海分公司 / 021-62071639/1636　深圳分公司 / 0755-83072995

书号： ISBN 978-7-5197-3266-0
定价： 36.00元